NOTICE

SUR LE

NOUVEAU BASSIN HOUILLER

DU

LIMBOURG HOLLANDAIS

PAR

ANDRÉ DUMONT

INGÉNIEUR

RAPPORTS DE M. GUILLAUME LAMBERT, INGÉNIEUR,

PROFESSEUR D'EXPLOITATION DES MINES A L'UNIVERSITÉ DE LOUVAIN

ET DE M. VON DECHEN,

CONSEILLER INTIME, INSPECTEUR GÉNÉRAL DES MINES

A BONN (ALLEMAGNE)

BRUXELLES

LIBRAIRIE POLYTECHNIQUE DECQ ET DUHENT

9, RUE DE LA MADELEINE, 9

—

1877

NOTICE

SUR LE

NOUVEAU BASSIN HOUILLER

DU

LIMBOURG HOLLANDAIS.

La découverte de nouveaux gisements de houille a toujours une importance extrême, au point de vue de l'industrie et du commerce en général. A notre époque, l'intérêt qui se rattache à ces découvertes est d'autant plus grand, que la question de l'épuisement des mines de charbon est à l'ordre du jour, et qu'elle devient de plus en plus un sujet d'inquiétudes pour certaines nations industrielles. Quand le précieux combustible, si exactement appelé le pain de l'industrie, fera défaut, comment produira-t-on la vapeur, et par suite la force motrice? L'électricité pourra-t-elle y suppléer? Faudra-t-il demander la chaleur à la chimie, ou bien l'emprunter aux rayons solaires? Voilà le problème que quelques-uns se sont posé sans pouvoir le résoudre. Heureusement, il n'y a pas encore péril en la demeure, et nous pouvons espérer que, grâce aux progrès incessants de la science, ce grand problème sera résolu en temps utile. Pour le moment, quand on envisage les quantités immenses de combustible que la nature tient encore en réserve, il semble puéril de s'inquiéter excessivement de la solution de cette question.

En effet, à la richesse colossale des gisements de houille reconnus dans l'ancien comme dans le nouveau continent, viennent s'ajouter, chaque année, des découvertes plus ou moins importantes de dépôts dont on ne soupçonnait pas l'existence. Telles sont les découvertes récentes en Amérique, dans les Indes, en Autriche, en Russie, en Grèce, etc. Rappelons également la détermination qui vient d'être faite de la richesse houillère de la Chine, dont les gisements couvrent une surface de 10,876,000 hectares, et renferment des couches d'une puissance variant de 3 à 9 mètres.

Pour donner une idée de l'importance des gisements connus à ce jour, citons les pays les plus richement dotés, sous ce rapport, avec la surface houillère en regard :

Belgique . . .	232,000	hect.
France	500,000	»
Allemagne. . .	500,000	»
Russie	2,800,000	»
Angleterre . .	3,000,000	»
Nouvelle Ecosse .	4,644,000	»
Chine	10,876,000	»
Etats-Unis (1). .	46,856,000	»

Nous pourrions en citer beaucoup d'autres, et quoique la surface houillère d'un pays ne soit pas le seul facteur à envisager dans l'évaluation de ses ressources minérales, les chiffres que nous venons de donner sont de nature à nous rassurer, au point de vue général de l'épuisement prochain des mines de houille.

Mais la question change de face si nous la considérons au point de vue particulier de telle ou telle nation. Il est incontestable que, par suite du développement progressif et extraordinaire de l'industrie, des sciences et des arts, depuis un demi-siècle, la consommation du charbon s'est accrue considérablement et que

---

(1) Le dépôt du Missouri comprend 25,000 hect. environ, et le bassin des Apalaches qui s'étend sans discontinuer du N.-E. au S.-O. sur une longueur de 1,100 kilomètres, mesure au moins 17,000,000 hectares.

certains pays doivent avoir de sérieuses appréhensions, au sujet de l'épuisement de leurs mines de houille. En effet, le charbon est, comme on l'a dit, un capital qui se dépense et ne produit pas d'intérêt. Dès lors, on comprend que l'Angleterre, la première nation industrielle du monde, jalouse d'une supériorité qu'elle possède, sans conteste, sur les autres nations, se soit émue à la pensée de devoir abdiquer cette souveraineté le jour où le combustible lui ferait défaut.

En 1866, M. Stanley Jevons, auteur d'un mémoire sur la question houillère (on the coal question), signala toutes ses craintes au sujet de l'avenir des exploitations de son pays, dans un discours qu'il prononça à l'Institut Royal de la Grande-Bretagne.

D'après lui, l'accroissement de la consommation de la houille suivait une progression géométrique dont la *raison* allait plutôt en s'augmentant qu'en diminuant. « Sans aucun doute, disait-il, » la production houillère de l'Angleterre est destinée à atteindre » avant peu 200 millions de tonnes. »

On peut se rendre compte de l'augmentation de la production houillère en Angleterre par les chiffres suivants (1) :

Années.	Production en tonnes.
1858.	64,587,899
1862.	83,510,838
1867.	104,875,480
1872.	123,386,758
1874.	125,000,000

Un discours prononcé par M. le docteur Siemens, président de l'association *Iron and Steel Institute* qui vient de tenir sa 8e session, fournit, à ce sujet, des renseignements fort intéressants. Suivant les rapports des *coal commissionners*, en supposant une augmentation annuelle de production de 3,300,000 tonnes, les mines anglaises seraient épuisées en 250 ans.

Voilà, d'après les évaluations les plus récentes, l'avenir indus-

---

(1) En France, on a constaté que, jusque dans ces derniers temps, la production houillère avait doublé après chaque période de 12 à 14 ans.

triel que l'Angleterre a encore en perspective. Si nous avons
attiré l'attention du lecteur plus spécialement sur ce pays, c'est
parce que, dans notre pensée, la découverte du nouveau bassin
houiller limbourgeois, dont nous allons nous occuper, présente
un grand intérêt au point de vue de l'Angleterre. En effet, si nos
prévisions au sujet de ce bassin sont exactes, il est permis d'espérer que la Grande-Bretagne renferme encore des gisements de
houille importants, difficilement abordables peut-être, mais de
nature à modifier sensiblement la période de prospérité industrielle que des hommes très-compétents ont cru pouvoir assigner
à ce pays.

Ce n'est pas d'hier seulement qu'il est question de recherches
de charbon, ou même d'exploitation, dans le Limbourg hollandais. Quand donc nous parlons de la découverte récente d'un
bassin houiller dans cette province, nous avons surtout en vûe
le résultat des nombreux travaux de recherche qui y ont été
pratiqués depuis 1873, et ont établi, à n'en pouvoir douter,
l'existence d'un bassin houiller fort important, sur le territoire
hollandais. Les recherches faites avant cette époque, furent con-
duites d'une manière trop timide pour avoir pu donner de bril-
lants résultats, et l'annonce de la découverte d'un nouveau
gisement de houille propre à être mis en valeur n'obtint alors
qu'un succès d'incrédulité.

Au surplus, voici, dans l'ordre chronologique, l'histoire des
résultats obtenus par les premiers explorateurs de ce bassin. Et
d'abord, rappelons l'existence, sur le territoire hollandais, de
deux houillères, *Prick* et *Domaniale*, près de Kerkrade, et en
activité depuis le siècle dernier. Ces charbonnages, exploités
par le Gouvernement, sont situés à la limite N. du bassin bien
connu de la Worm, compris entre Herzogenrath et Aix-la-Chapelle.

Avant 1856, on pratiqua peu ou point de recherches dans le
Limbourg. A cette époque, un ingénieur, M. Labry et quelques
capitalistes hollandais fondèrent une société anonyme sous le
nom de « *Union Minérale des Pays-Bas* » (*de Bergwerkvereening
voor Neerland*); elle avait pour but la recherche et l'exploitation
de la houille.

Les premières explorations de cette société furent dirigées dans la partie sud de la province. Apparemment on espérait rencontrer dans cette direction des charbons d'une nature plus grasse, et il semblait, d'ailleurs, tout à fait naturel de se rapprocher le plus possible du bassin houiller belge. Malheureusement le résultat de ces recherches fut entièrement négatif; dès lors, les explorations de la *Bergwerkvereening* perdirent leur caractère entreprenant. N'osant plus s'aventurer loin des gisements connus, cette société établit un sondage à la limite ouest de la concession *Domaniale*, à Ham, localité située à 1 kilomètre au S.-O. de Kerkrade. Le succès de recherches pratiquées en cet endroit était certain.

Le 16 janvier 1858, à une profondeur de 17^{m}67 le trou de sonde traversa 45 centimètres de charbon, puis à 39^{m}05 une veine de 1^{m}40 mesurée verticalement, et enfin à 81 mètres une troisième couche, sur une épaisseur de 2 mètres. Ces différentes veines appartenaient à la catégorie des couches à charbon maigre.

Encouragée par ces résultats, la *Bergwerkvereening* effectua une série de sondages, sur le territoire de la commune de Kerkrade, en s'avançant de l'est vers l'ouest, à Speckolderheide, Gracht et Wiebug. Ces sondages pratiqués sur un alignement d'environ 1,800 à 2,000 mètres de longueur, ont renseigné l'existence de couches d'une *puissance* remarquable (1). Il ne faut pas perdre de vue que la détermination de ces *puissances* est loin d'être rigoureusement exacte, dans les sondages. De plus, chose extraordinaire, nous n'avons obtenu que difficilement les renseignements qui nous ont été nécessaires pour écrire cette notice. Il a toujours plané sur les résultats des recherches un mystère tout au moins incompréhensible; aussi avons-nous dû nous adresser à bien des sources différentes pour obtenir des renseignements qui n'ont pas toujours été concordants. On peut

---

(1) Voir d'ailleurs, page 15, le tableau indiquant les profondeurs auxquelles on a rencontré le terrain houiller, ainsi que des couches de charbon, dans les principaux sondages effectués sur le territoire hollandais.

néanmoins regarder les chiffres que nous donnons comme suffisamment exacts pour l'étude que nous faisons. Cela étant, si l'on
considère la faible distance qui sépare les quatre sondages men-
tionnés plus haut, il paraît peu probable que les couches traver-
sées sur des épaisseurs de 1^m.40, 2^m.00, 2^m.59, 1^m.80 et 2^m.30
soient toutes différentes. Nous estimons plutôt que la même cou-
che aura été rencontrée aux divers trous de sonde, et qu'il faut
admettre une certaine analogie entre la couche de 2^m.30 recoupée à une profondeur de 65^m.80 à Wiebug, celle de 2^m.59 recoupée à 73.^m88 à Speckolderheide, celle de 2 mètres recoupée à
81 mètres à Ham et enfin celle de 1^m.80 recoupée à Gracht à une
profondeur de 69^m.15. Dans ces conditions, et, vu le niveau des
orifices de ces divers sondages, on pourra déterminer la direction
approximative des couches : celle-ci serait donnée par une droite
passant par Wiebug et Speckolderheide. La surface du terrain
houiller, comme l'examen du tableau que nous donnons, à la
page 15, l'indique, s'enfoncerait vers le Sud, et l'inclinaison des
couches se ferait vers le sud-est. Il en résulte que la partie
houillère reconnue par ces quatre sondages serait encore comprise dans le bassin de la Worm, et située vers le bord du versant septentrional de ce bassin. C'est ce que prouve aussi la
nature maigre du charbon rencontré. La *puissance* remarquable
des couches recoupées semblerait également indiquer que les
bords de ce bassin sont fortement redressés.

A la suite du résultat fructueux de ses recherches, la Société
de *Bergwerkvereening* avait demandé et obtenu une concession
de 458 hectares sous le territoire exploré; celle-ci reçut le nom de
Willem. Cette société établit alors un nouveau sondage plus au
sud, sans oser toutefois s'écarter vers l'ouest, sur le territoire
de Bockholtz, à l'endroit dit : *aan den Helweg*. Le terrain houiller
y fut rencontré à 86^m93, et à la profondeur de 93^m95, on recoupa
1^m90 de charbon.

A la suite de cette découverte, un arrêté royal accorda à la
Bergwerkvereening une nouvelle concession (*Sophia*), de 649 hectares, le long de la frontière hollando-prussienne, sous le territoire de la commune de Bockholtz.

Cette société décida alors l'établissement d'un siége d'exploitation. Pour ce faire, elle s'adressa à des ingénieurs belges et allemands plus experts dans ce genre de travaux que les ingénieurs hollandais. Toutefois il ne fut donné aucune suite au projet d'enfoncement. Probablement que les actionnaires de cette société, hollandais pour la plupart, gens positifs et peu entreprenants, se laissèrent aisément décourager par le dédain avec lequel on accueillit leurs découvertes. Car, tandis que d'un côté, les Allemands annonçaient que les frais d'installation absorberaient un capital énorme; d'un autre côté, les industriels du Hainaut tout en déclarant que l'enfoncement d'un puits dans la concession *Willem* serait aisé et peu coûteux, ajoutaient pourtant que cette dépense se ferait en pure perte, la concession *Willem* renfermant tout au plus quelques *coureuses de gazon*. A l'heure ou nous écrivons ces lignes, on établit un siége d'exploitation à Speckolderheide, tant l'exploitation de ces *coureuses* promet d'être profitable. Quoi qu'il en soit, à cette époque, les Hollandais découragés suspendirent définitivement toute nouvelle recherche.

Plusieurs années se passèrent et, alors arriva une période de prospérité depuis longtemps inconnue à l'industrie. On vit s'élever partout de nouvelles usines, pendant que le prix des charbons atteignait un taux inouï. Les capitaux confiants se tournaient avec engouement vers l'industrie dont jusque-là ils s'étaient prudemment tenus à l'écart. Aussi en 1873, quand l'industrie charbonnière était encore en pleine faveur, vit-on s'abattre sur le Limbourg hollandais un grand nombre d'explorateurs, et parmi eux plusieurs industriels belges. Cette fois, on n'hésita pas à diriger les recherches vers l'ouest, et on se mit à sonder le territoire de la commune de Heerlen dans un rayon de plusieurs kilomètres. Il s'établit entre les explorateurs une véritable concurrence. C'était à qui recouperait le plus vite une couche de charbon. Celui-ci une fois constaté officiellement, on démontait en toute hâte le sondage pour aller le rétablir ailleurs. L'unique but des explorateurs, semble-t-il, était d'obtenir un grand nombre de concessions dans l'espoir de pouvoir les céder plus tard, moyennant bon prix, à des capitalistes assez puissants pour y établir des exploitations. Ces recherches furent partout couronnées de succès, et le gouvernement hollandais accorda une série de concessions de 5 à 600 hectares, à savoir : *Laura, George, Orange, Ernst, Aurora, Willem III*, d'autres comme *Vereeniging, Carl, Abendster, Noordster, Voorwaarts et Crescendo* (1) seront probablement accordées sous peu.

Il est certain que des travaux d'exploration aussi nombreux et effectués sur une bande de territoire ayant environ 10 kilomètres de long sur 8 kilomètres de large devraient donner, avec une précision suffisamment grande, des indications sur l'allure du bassin, l'inclinaison des couches et leur direction, leur puissance approximative, etc., etc. Malheureusement les chercheurs n'ayant d'autre but que d'obtenir des concessions n'ont attaché aucune importance à des observations qui pourtant auraient permis d'assigner à leurs concessions une valeur réelle. Il s'agissait d'aller vite en besogne, et, prendre des témoins, constater l'inclinaison des bancs, c'était perdre du temps et de l'argent. A notre avis, ils auraient mieux entendu leurs intérêts en cherchant à établir, au moyen d'observations précises, une relation entre leurs découvertes successives. Et il n'en aurait pas coûté beaucoup de déterminer avec soin, à chaque sondage, la nature des bancs de schiste ou de grès rencontrés, leurs inclinaison et orientation. Il n'eut pas été moins profitable de poursuivre ces mêmes trous de sonde à une profondeur plus grande jusqu'à la recoupe d'au moins trois couches, afin de pouvoir établir la similitude de quelques-unes aux divers sondages, et d'avoir en même temps une idée plus exacte de la richesse du gisement. Enfin, toutes ces observations auraient dû être complétées en reliant les divers sondages par un nivellement, opération aussi indispensable que les précédentes.

Avant de poursuivre cette notice nous allons donner le tableau des sondages effectués jusqu'à ce jour dans le Limbourg,

---

(1) Le sondage de *Crescendo*, situé à 1 kilomètre à l'est de Klimmen, a atteint le terrain houiller productif, mais n'a pas rencontré, jusqu'à ce jour, de couche de houille.

ainsi que les coupes des morts terrains traversés à quelques-uns d'entre eux.

Sondage George *établi à l'endroit dit « Onderste Locht » à 1,800 mètres environ à l'ouest de Speckolderheide.*

		ÉPAISSEUR	PROFONDEUR
		m	m
	Limon hesbayen et argile jaune	14.82	14.82
TERTIAIRE	Sable et galets	12.90	27.72
	Argile plastique.	6.11	33.83
	Sables bleus et gris.	33.61	68.44
	Argile plastique et sables durs	5.85	74.29
	Lignites	5 »	79.29
	Argile.	2.22	81.51
	Sable gris	5.85	87.36
CRÉTACÉ	Marnes blanches	1.95	89.31
	Marnes vertes	3.82	93.13
	Argile	3.63	96.76
	Grès houiller	1.54	98.30
	Schiste houiller	1.85	100.15
	Houille officiellement constatée	0.96	101.11

Sondage ORANGE *établi à l'endroit dit « de Kook » à 2,000 mètres environ au N.-O. du sondage* GEORGE.

	ÉPAISSEUR	PROFONDEUR
	m	m
Limon hesbayen et argile jaune	16 »	16 »
Terrain tertiaire	62.75	78.75
Terrain crétacé	9.85	88.60
Schiste houiller	6.70	95.30
Houille (officiellement constatée).	0.52	95.82
Schiste houiller	1.97	97.79
Houille (officiellement constatée)	0.94	98.73

Sondage WILLEM III, *établi à 1,800 mètres environ au N.-N.-O. de Heerlen.*

		ÉPAISSEUR.	PROFONDEUR.
		m	m
Limon . -		0.35	0.35
TERTIAIRE	Sable gris	15 »	15.35
	Argile sableuse avec coquillages . . .	1.55	16.90
	Sable gris	26.67	43.57
	Sable gris avec galets.	6.27	49.84
	Sable gris	6.27	56.11
CRÉTACÉ	Marne grise.	24.57	80.68
	Marne calcareuse avec parties vertes . .	1.57	82.25
	Sable gris bleuâtre	2.82	85.07
	Id. très-fin.	16.30	101.37
	Marne calcareuse grise	2.50	103.87
Schiste houiller		17.59	121.46
Schiste charbonneux		0.42	121.88
Houille (officiellement constatée).		1.34	123.22
Schiste houiller . . . , ... , , . .		22.69	145.91

Sondage FRÉDÉRIC, *près de Koningsbeemd, à 4,000 mètres au nord de Voerendael.*

	ÉPAISSEUR.	PROFONDEUR.
	m	m
Limon	2 »	
		2 »
Argile et petits galets	3 »	
		5 »
Argile.	7 »	
		12 »
Sable gris	11 »	
		23 »
Sable avec lignite	2 »	
		25 »
Argile sableuse avec coquillages . . .	3 »	
		28 »
Sable gris	24 »	
		52 »
Sable argileux	11 »	
		63 »
Marne calcareuse.	5 82	
		68 82

On a suivi à *Frédéric* la méthode dite : sondage à l'eau ; seulement ce sondage fut entrepris sur un diamètre trop petit et dut être abandonné à la profondeur de 68^m.82.

Sondage de CRESCENDO, *établi sur le territoire de Klimmen,
à 1,000 mètres environ à l'est de cette localité et à
1,700 mètres à l'ouest du sondage Abendster.*

		ÉPAISSEUR.	PROFONDEUR.
		m	m
Limon et argile		8 10	
			8 10
TERTIAIRE	Sable gris	8 »	
			16 10
	Argile plastique.	2 05	
			18 15
	Lignites purs	1 »	
			19 15
	Argile plastique.	7 55	
			26 70
	Sable	0 95	
			27 65
CRÉTACÉ	Marne calcareuse	7 20	
			34 85
	Marne bleue.	42 20	
			77 05
	Marne grise.	71 70	
			148 75

A la profondeur de 148^m.75, on a rencontré le terrain houiller.
On est actuellement à 232 mètres, et on n'a encore recoupé
aucune couche de houille.

Pour les coupes des sondages *Aurora, Nordster, Abendster* et
Voorwaarts, nous renvoyons au rapport de M. le professeur
G. Lambert.

Tableau des Sondages faits dans le Limbourg-Hollandais.

CONCESSION	LOCALITÉ	COMMUNE	PROFONDEUR jusqu'au TERRAIN HOUILLER	1re COUCHE		2me COUCHE		3me COUCHE		4me COUCHE		OBSERVATIONS
				Profondeur	Puissance mesurée verticalement	Profondeur	Puissance mesurée verticalement	Profondeur	Puissance mesurée verticalement	Profondeur	Puissance mesurée verticalement	
Willem	Ham	Kerkrade	13.95	17.67	0.46	39.05	1.40	81 „	2 „	—	—	
„	Speckolder- heide	„	44.31	77.88	2.59	—	—	—	—	—	—	
„	Gracht	„	65.50	69.15	1.80	—	—	—	—	—	—	
„	Wiebug	„	36.45	41.46	0.32	63.12	0.12	65.30	2.30	—	—	
Sophia	Aan den Hel- weg	Bockholtz	86.95	93.95	1.00	—	—	—	—	—	—	
Laura	Beerenbosch	Kerkrade	42 „	154.65	1.14	—	—	—	—	—	—	La couche de 1m14 est partagée en 2 parties par 1m.25 de schiste.
Ernst	Kaalheide	„	53.37	58.38	1.77	68.95	0.59	77.85	0.52	86.80	0.80	
„	Onder Speck- holz	Heerlen	94.54	95.90	0.76	98.24	1.20	—	—	—	—	
Vereeniging	Près Eygelsho- ven	Eygelshoven	103.19	104.24	0.60	113.93	0.69	—	—	—	—	
Orange	—	Heerlen	88.60	95.30	0.52	97.79	0.94	—	—	—	—	
Georges	Onderste Locht	„	96.76	100.15	0.96	—	—	—	—	—	—	
Willem III	Husken	„	103.87	121.82	1.40	—	—	—	—	—	—	
Carl	Kolisberg	„	101.10	140.52	1.06	146.59	1.40	—	—	—	—	
Aurora	—	„	76.40	87 „	0.30	103.48	0.60	—	—	—	—	
Nordster	—	Klimmen	203.37	218.52	1.24	—	—	—	—	—	—	
Abendster	Op de Straat	Voerendaal	145.31	236.72	2.21	—	—	—	—	—	—	
Voorwaarts	—	Wynandsraden	200.76	208.09	0.67	—	—	—	—	—	—	
Crescendo	Croubeek	Klimmen	148.75									Le sondage a atteint ac- tuellement la pro- fondeur de 232m.

Ces diverses données nous apprennent peu de chose en ce qui est de l'allure des couches.

D'après M. le professeur G. Lambert, dans l'intervalle compris entre les sondages *Aurora* et *Nordster*, la pente la plus forte de la surface du terrain houiller a lieu vers le N.-O.

Si l'on tient compte des niveaux apparents des sondages à l'est d'*Aurora*, il semble que cette surface y est légèrement inclinée en sens inverse, du moins entre les sondages *Aurora* et *Georges*.

Dans les concessions de *Carl, Ernst, Laura* et *Vereeniging*, nous retrouvons de nouveau la pente vers le N.-O. Suivant M. G. Lambert, la surface houillère, après avoir continué la pente vers le N.-O., entre les sondages *Aurora* et *Nordster*, jusqu'à une certaine distance de ce dernier, s'infléchirait, c'est-à-dire qu'il aurait une pente en sens contraire ou vers le N.-E. D'après un nivellement récent, on a trouvé que l'orifice du sondage *Voorwaarts* est situé 3^m.80 plus haut que celui de *Nordster*. L'assertion de M. Lambert est donc bien exacte, et dans la direction de *Voorwaarts*, le terrain houiller s'applatit, ou même se redresse.

Considérons maintenant les sondages *Abendster* et *Crescendo*, la différence de niveau de leurs orifices est environ de deux mètres, le premier étant plus bas que le second. Or, d'un côté, on a rencontré le terrain houiller à 145^m.31, et de l'autre, à 148^m.75. Une ligne menée par ces deux sondages représenterait donc assez exactement une horizontale de la surface houillère. Cette direction se rapproche probablement aussi de celle des couches de houille. Il nous est rapporté qu'un *témoin* de schiste retiré à *Crescendo* avait une inclinaison de 45°; malheureusement l'outil n'ayant pas été orienté, on ne peut rien affirmer quant au sens de cette inclinaison. Comme on le voit, le terrain houiller a probablement de nombreux plis dans cette région; cette inclinaison est d'ailleurs indiquée à *Abendster* par la forte épaisseur de schiste recoupé (91^m.44) avant de rencontrer la première couche de charbon, ainsi que la *puissance* verticale de celle-ci 2^m.21 ! A *Crescendo*, on a actuellement traversé 84 mètres de schiste sans avoir trouvé de charbon; si la direction que nous supposons aux couches est exacte, on rencontrerait la même veine à *Crescendo* à la profondeur de 238 à 240 mètres, et sa *puissance* réelle serait d'environ 1ᵐ.50.

Quelques essais ont été faits sur les charbons retirés des différents trous de sonde, pour établir la nature plus ou moins grasse des couches recoupées. Voici les résultats de l'analyse d'un échantillon retiré du sondage *Aurora*; cette analyse a été faite au laboratoire de chimie de « l'Association des Mineurs de Westphalie. » L'essai pour coke a donné un rendement de 88.60 p. c. (déduction faite des cendres). On a constaté peu de gaz inflammable, mais beaucoup d'acide sulfureux. Ce charbon renferme une assez forte quantité de cendres, de sorte que la tendance à l'agglomération est presque nulle. (1) Nous donnons ci-dessous le détail de ces analyses :

Composition du charbon avec ses cendres.

Carbone.	55,616
Hydrogène	2,882
Oxygène, azote, soufre .	4,357
Cendres	37,145
	100,000

Composition du charbon privé de ses cendres.

Carbone.	88,479
Hydrogène	4,587
Oxygène, azote. . . .	6,934
	100,000

Pour 1,000 parties de carbone on a trouvé :

47.07 p. c. d'hydrogène libre.

9.79 p. c. d'hydrogène combiné.

Total. . 56.86

La carbonisation a donné :

92.80 p. c. de coke (charbon avec cendres.)

88.60 p. c. de coke (charbon privé de cendres) et

0,842 p. c. d'humidité.

Beaucoup de soufre.

---

(1) Il ne faut pas perdre de vue que le charbon retiré d'un trou de sonde paraîtra toujours plus impur qu'il ne l'est en réalité.

Nous citerons également un autre essai fait sur du charbon retiré du sondage d'*Abendster*. Il résulte du procès-verbal dressé par les soins de l'Administration communale de Voerendaal que « ce charbon soumis à l'incinération a dégagé après quelques » instants, par le tuyau des pipes, un gaz qui a brûlé pendant » 4 à 5 minutes, et qu'il a laissé un résidu solide grisâtre dont la » cassure offrait une couleur blanc-argent. » Les ingénieurs présents auraient déclaré, d'après le procès-verbal, que ce résidu était du coke de très-bonne qualité.

Des certificats analogues délivrés pour 3 autres sondages attestent également la nature grasse des couches de charbon rencontrées. Il résulte de ces essais que, dans la partie méridionale de la région explorée, les couches sont d'une nature maigre et qu'elles deviennent grasses à mesure qu'on s'avance vers le N.-O. C'est-à-dire qu'en allant du S.-E. au N.-O. on rencontre successivement les couches supérieures, et que la pente de celles-ci se fait suivant cette direction.

La forte inclinaison des couches que nous constatons dans le voisinage de *Crescendo* et *Abendster* s'explique, croyons-nous, par l'existence de nombreux plis du terrain houiller dans cette région. Ces diverses remarques nous conduisent à conclure, suivant la règle posée par M. le professeur Lambert dans son rapport, que nous nous trouvons dans la partie méridionale du nouveau bassin, et qu'en s'avançant vers le N.-E., on y rencontrera des couches plus riches, plus régulières en allure, et d'une nature plus grasse.

Ces convictions ne peuvent malheureusement pas s'appuyer sur des faits discutables. Nous avons dit combien il est regrettable que les concessionnaires n'aient pas tenu à mieux déterminer la richesse houillère du nouveau bassin. S'il s'était agi d'un bassin bien connu, il aurait suffi avant l'établissement des puits d'exploitation, de reconnaître la nature des morts terrains que l'on aurait à traverser. Mais, dans le cas actuel, la question était double, il fallait non-seulement reconnaître ces morts terrains, mais aussi la richesse du terrain houiller, et avoir ainsi la certitude, par la constatation d'un nombre suffisant de couches exploitables, qu'on serait largement payé des frais d'installation, car ceux-ci seront généralement élevés, du moins dans la partie actuellement reconnue:

Les travaux de recherche à *Aurora* ont été commencés le 13 octobre 1873, et on a atteint le terrain houiller le 18 janvier de l'année suivante. Déduction faite des arrêts inhérents à ce genre de travail et des jours de chômage, on a mis 55 jours pour traverser 76^{m}40 de morts terrains; l'avancement journalier a donc été en moyenne de 1^{m}39. Les travaux ont été arrêtés, dans les premiers jours de mars, à la profondeur de 104 mètres et l'avancement dans le terrain houiller a été en moyenne de 0^{m}90 par jour de travail. Ce sondage a coûté environ de 24 mille francs.

Le sondage d'*Abendster* a été commencé le 21 janvier 1875 et a été arrêté le 11 juin, de la même année, à la profondeur de 239^m.24. La traversée des morts terrains a demandé 56 jours; l'avancement moyen a donc été de 2^{m}60 par jour. Dans le terrain houiller cet avancement a été de 1^m.75. Le coût des travaux a été d'environ 30 mille francs. A *Voorwaarts* la dépense a été un peu supérieure. Il est assez probable que des entrepreneurs de sondages, toujours parfaitement outillés, eussent entrepris ces tra-travaux par le procédé Kind pour une vingtaine de mille francs.

Si nous avons élevé quelques critiques au sujet de ce qui a été fait dans le Limbourg, ce n'est nullement dans l'intention de diminuer l'importance des découvertes qui y ont été faites. Au contraire, les considérations qui vont suivre montreront assez toute la valeur que nous attribuons au nouveau bassin. En effet si nous comparons la série géologique des terrains dans le pays d'Aix-la-Chapelle et dans le bassin de la Ruhr, en allant du sud au nord, on est frappé de l'analogie qui existe entre ces deux contrées. D'un côté, comme de l'autre, nous rencontrons successivement en allant vers le nord les mêmes groupements généraux à savoir : le terrain dévonien inférieur et supérieur, le calcaire houiller, le terrain houiller sans houille et avec houille, enfin ces diverses formations disparaissent sous les assises crétacées et tertiaires. La seule différence que l'on constate c'est que les diverses catégories de terrains sont plus complétement représentées dans la Ruhr. En outre, la comparaison des morts terrains traversés par les sondages du Limbourg avec les terrains correspondants qui recouvrent la formation houillère dans la Rhur, a témoigné de leur ressemblance parfaite.

Pour l'intelligence de ce qui va suivre, nous annexons à cette notice la carte géologique des environs d'Aix-la-Chapelle, d'après le Dr H. von Dechen. Au premier coup d'œil jeté sur cette carte, on remarque au midi d'Aix-la-Chapelle l'existence d'un bassin allant du S.-O. au N.-E., dont la limite sud est parfaitement déterminée par de longues bandes très-régulières de terrain dévonien, qui passent dans le voisinage d'Eupen et se dirigent vers le N.-E. La limite nord du bassin, quoique moins bien accusée, cachée qu'elle est, en grande partie, par les formations supérieures, est néanmoins suffisamment déterminée par les affleurements du dévonien inférieur et supérieur que nous retrouvons près d'Aix, au S.-E. de cette ville, et, plus à l'est, en suivant une direction parallèle à l'axe du bassin, dans le voisinage de Haaren. Ce bassin a été soumis à de fortes pressions latérales et renferme de nombreux plis; aussi, en maints endroits, on voit les terrains inférieurs se faire jour à travers la formation houillère proprement dite. Poursuivons ces différents affleurements vers le N.-E. dans la direction de l'axe du bassin; dans les environs d'Eschweiler, ils commencent à être masqués par les terrains plus récents; on n'en rencontre plus que des lambeaux de place en place, et ils disparaissent tout à fait à une lieue à l'ouest de la Roer. Si nous continuons à suivre la même direction nous rencontrons à la droite du Rhin, à peu de distance de Dusseldorf, des lambeaux des terrains dévonien et carbonifère qui, plus à l'est, finissent par émerger tout à fait, et enfin les vastes affleurements d'un bassin houiller : nous sommes dans le bassin de la Rhur, et nous retrouvons, dans la partie méridionale de ce bassin, les allures tourmentées du pays d'Aix-la-Chapelle. L'analogie si grande qui existe entre les terrains de ces deux régions peut nous permettre de prolonger sur la carte les affleurements du bassin d'Aix et de les réunir à ceux du bassin de la Ruhr. Nous aurons ainsi l'aspect général que présenterait la région comprise entre la Roer et le Rhin, du moins en ce qui concerne les limites nord et sud du bassin, si nous supposons avoir enlevé par la pensée les formations supérieures au terrain houiller. Quant à la formation houillère proprement dite, on n'en pourrait guère rien tracer. Il est assez probable que, par suite de nombreux plissements suivis de dénudation, elle est traversée en maints endroits par les terrains inférieurs ; en sorte que nous aurions parfois des petits bassins circonscrits, ou même des solutions de continuité du gisement houiller, sur une étendue plus ou moins grande. D'ailleurs, comme le rappelle M. G. Lambert, le prolongement du bassin houiller de la Ruhr vers l'ouest, en dessous des formations plus récentes est aujourd'hui parfaitement constaté jusqu'aux environs de Créfeld, et de Geldern, à la gauche du Rhin. Aussi peut-on établir une liaison entre le bassin d'Aix-la-Chapelle et celui de la Ruhr, du moins pour la partie méridionale de ce dernier.

Si maintenant nous nous reportons au nord du bassin d'Aix-la-Chapelle, nous entrons dans un nouveau bassin dont l'arête de séparation avec le précédent passe par Haaren, Aix et Henri-Chapelle. A la limite sud de ce bassin les affleurements des terrains inférieurs sont rares, pourtant on en rencontre des traces à Haaren où viennent affleurer successivement, en allant du sud au nord, le dévonien moyen et supérieur, le calcaire houiller, puis le houiller proprement dit qui s'étend au nord jusqu'à Herzogenrath. On trouve des affleurements de ces terrains, suivant la direction indiquée, à Aix même, et enfin plus à l'Ouest, dans le voisinage de Moresnet où des affleurements de houiller improductif viennent s'appuyer sur le calcaire. Ce bassin est celui connu sous le nom de bassin de la Worm. Dans la partie nord le terrain houiller disparaît sous les formations supérieures, de sorte que sa limite, de ce côté, n'est pas nettement tracée. Les affleurements houillers de ce bassin n'existent d'ailleurs que dans la vallée de la Worm. Quelques-uns des sondages dont nous nous sommes occupés ont été établis dans ce bassin. C'est ainsi que les concessions de *Sophia*, *Willem* et la *Domaniale* font partie du bassin de la Worm.

Au Nord de la *Domaniale* et des sondages de *Willem* passerait une selle séparant le bassin de la Worm du nouveau bassin limbourgeois. Il semble probable que, dans le voisinage de *Willem*, les couches inférieures se replient simplement sans solution de continuité, mais en allant vers l'ouest, l'axe du bassin s'infléchit, pensons-nous, vers le nord et la séparation des deux bassins devient complète. C'est ce qui explique le fait que le sondage pratiqué jadis sur le territoire d'Epen n'a pas rencontré le terrain houiller.

Pour nous faire maintenant une idée de l'importance que peut avoir le nouveau bassin du Limbourg retournons un instant dans la Rhur. Au début on assignait à ce bassin une largeur beaucoup moindre que celle qui lui est reconnue aujourd'hui. Plus tard quelques explorateurs entreprenants pratiquèrent des recherches plus au nord et celles-ci furent couronnées d'un plein succès. C'est ainsi qu'en peu d'années le bassin houiller de la Ruhr a doublé d'importance, et que son existence est constatée jusqu'aux environs de la Lippe. On a reconnu en même temps un fait remarquable, c'est que, conformément à ce qui se passe en Belgique et en Angleterre, le bassin très-tourmenté dans la partie sud augmente en richesse et en régularité au fur et à mesure qu'on s'avance vers le nord.

En examinant attentivement sur la carte géologique de la Westphalie, l'allure des affleurements, on est porté à attribuer au bassin de la Ruhr une largeur plus considérable que celle que lui assignent jusqu'à ce jour les exploitations houillères. En effet, si l'on part d'Ibbenburen en se dirigeant vers l'est, on remarque un affleurement continu du terrain crétacé s'appuyant au nord sur les formations inférieures, qui suit une ligne courbe passant à l'est de Paderborn, continue vers le sud et vient rejoindre la limite méridionale du bassin de la Ruhr. Si on considère en même temps les affleurements houillers d'Ibbenburen et les exploitations d'anthracite d'Osnabruck, dont les couches pendent au midi, on est fondé à assigner au bassin de la Ruhr des limites beaucoup plus reculées, et une forme indiquée par les affleurements dont nous venons de parler.

Dans cette hypothèse, il est probable qu'en allant du sud au nord, les couches de houille continuent à s'enfoncer jusqu'à une certaine distance de la Lippe pour changer ensuite d'inclinaison, remonter vers le nord, disparaître ensuite successivement, et ne plus offrir, à la limite septentrionale du bassin, que les couches inférieures. Dans ces conditions le bassin aurait environ 100 kilomètres de largeur, c'est-à-dire le 1/3 de celle du bassin des Apalaches qui atteint jusqu'à 280 kilomètres !

Comme on peut le voir d'après la coupe qui accompagne le rapport de M. Lambert, la partie méridionale du bassin de la Ruhr présente de nombreux plissements qui ont amené la formation de bassins successifs dans le sens de la largeur; ceux-ci sont représentés à l'ouest par les bassins d'Aix et de la Worm. Le nouveau bassin du Limbourg serait lui-même la prolongation d'une partie du bassin de la Ruhr située plus au nord. En résumé, nous pensons que cette vaste formation houillère qui s'étend de la Westphalie jusqu'en Angleterre se subdivise en plusieurs parties. Le bassin de la Ruhr, commençant dans les environs de Paderborn pourrait être considéré comme le point de départ de plusieurs grandes dépressions des terrains dévoniens et siluriens dans lesquelles se serait formé le terrain houiller. Nous aurions ainsi plusieurs bandes houillères se dirigeant vers l'ouest mais dans des directions divergentes. L'une d'elles, la bande méridionale est connue sur presque tout son parcours. Elle constitue le bassin belge, du nord de la France, et celui du pays de Galles. Une autre marcherait parallèlement au bassin méridional sur une certaine longueur, puis s'en séparerait dans le Limbourg, passerait sous les formations plus récentes du nord de la Belgique, puis dans le voisinage de Londres pour aller constituer les bassins du Centre de l'Angleterre. Il est évident que ce tracé est tout à fait théorique et qu'il ne comporte nullement l'existence du gisement de houille sur tout son parcours. Il est fort probable que sur une telle étendue, par suite de soulèvements postérieurs à la formation houillère, il y a des solutions de continuité peut-être même considérables. Mais dans les cas où ces causes de disparition n'existent pas, et où l'allure des terrains est régulière, on doit s'attendre à trouver des dépôts houillers importants. C'est le cas du Limbourg. La présence de plusieurs couches de houille y a été constatée sur un espace de quatre lieues carrées; l'analyse a établi que le caractère gras des couches de charbon s'accentuait à mesure qu'on allait vers le nord; de plus il est permis de supposer, d'après ce qui se passe dans la Ruhr, que les couches plongent vers le nord en même

— 24 —

temps que leur allure devient plus régulière dans cette direction.
Nous pensons donc pouvoir en conclure qu'il existe dans le Limbourg hollandais un bassin houiller d'au moins deux lieues et
demie de longueur et d'une largeur considérabe. De nouvelles
recherches, à l'ouest, nous apprendront probablement plus tard
jusqu'où ce bassin s'étend dans cette direction. Il est certain que
si de nouveaux sondages étaient pratiqués avec succès au nord
et à l'ouest, ils donneraient au bassin du Limbourg une valeur
très-grande. Dans l'intérêt de la science, il importerait que le
Gouvernement belge encourageât ou fit exécuter quelques sondages dans les provinces du nord de la Belgique, jusqu'aux
terrains primaires. Ces sondages fourniraient, dans tous les cas,
des renseignements précieux à la géologie, tout en résolvant le
problème de l'existence d'un bassin houiller dans le nord de la
Belgique. A notre connaissance, un seul sondage, celui d'Ostende (1), a été poursuivi jusqu'aux terrains primaires et les ré-

---

(1) Voici d'ailleurs, d'après M. Mourlon (géolog. belg.), la coupe des terrains
rencontrés au puits artésien d'Ostende :

Terrain	Formation	Épaisseur	Profondeur
Sables divers, tourbe à la base. . .	Moderne et quaternaire	6 45	6 45
Sables argileux avec débris de coquillages (*cyrena fluminalis*), gravier à la base		27 05	33 50
Argile grise avec pyrites et rares septariu (Yprés).	Eocène inférieur.	139 50	173 »
Sable argileux ; débris de cyrena cunéïf ; pyrites et cailloux roulés du Landenien		35 »	208 »
Craie, rares silex	Crétacé	64 »	272 »
Marne grise.		2 »	274 »
Marne crayeuse rougeâtre . . .		26 20	300 20
Phyll. bleu violet	Silurien	7 »	307 20

sultats ont été négatifs, au point de vue de l'existence du terrain houiller dans ces parages. Nous dirons pourtant que ce sondage ne paraît pas avoir été fait dans les conditions voulues pour recueillir des observations bien précises, au sujet des terrains rencontrés. Aussi quelques personnes très-compétentes considèrent comme douteux qu'on y ait atteint les terrains primaires. En admettant d'ailleurs comme exacts les renseignements fournis par le sondage d'Ostende, ils ne suffiraient pas à prouver la non-existence d'un bassin houiller dans le nord de la Belgique. Ils indiqueraient seulement une discontinuité du gisement houiller dans la région envisagée, ou bien simplement que celle-ci est située en dehors des limites du bassin. On comprend tout l'intérêt que présenteraient de nouveaux sondages pratiqués dans le Limbourg belge et les provinces situées au nord de notre bassin houiller actuel. Probablement qu'ici, comme dans le bassin méridional, la pente de la ligne de thalweg se fait vers l'ouest, et que le terrain houiller y est recouvert de morts terrains d'une épaisseur de plus en plus grande dans cette direction. Jusqu'au jour où le mineur aura trouvé le moyen de percer les sables d'une nature ébouleuse, à de grandes profondeurs, la constatation du terrain houiller, dans le nord de la Belgique, sera sans intérêt au point de vue industriel. Néanmoins le profit qu'en retirerait la science compenserait largement la dépense à faire pour établir quelques sondages dans le nord de notre pays.

Comme nous l'avons montré, la valeur du gisement découvert dans le Limbourg ne peut être contestée, et les concessionnaires en y établissant des siéges d'exploitation n'ont pas de mécompte à craindre. Il y a tout lieu de supposer que le bassin du Limbourg ne sera pas moins riche que celui de la Ruhr. Toutefois, il ne faut pas se dissimuler que le percement des puits présentera parfois des difficultés sérieuses sans être insurmontables. Les sondages d'*Aurora* et *Nordster* ont dénoté la présence de sables tertiaires et aachéniens peu rassurants. En revanche, à *Abendster*, *Voorwaarts* et *Crescendo*, l'enfoncement ne semble pas devoir présenter d'obstacles sérieux. Nous pensons qu'il y aurait avantage pour ces Sociétés qui, paraît-il, ont beaucoup d'éléments communs, à se fusionner. Les nouvelles Sociétés qui résulteraient de cet accord auraient à leur disposition un capital plus important; elles pourraient exploiter les concessions ainsi réunies, au moyen d'un nombre de puits moindre, et en choisissant, pour ceux-ci, les emplacements les plus favorables. Elles seraient aussi à même d'entreprendre encore quelques sondages judicieusement établis au nord ou à l'ouest, et obtenir ainsi de nouvelles concessions. Ces sondages pourraient faire ressortir davantage toute la valeur des concessions existantes.

Le gouvernement hollandais fera bien, à notre avis, de faciliter la constitution de Sociétés semblables, en autorisant la fusion de plusieurs concessions chaque fois que la demande lui en sera faite. Non pas que chaque concession prise isolément ne puisse servir de base à une exploitation minière ; bien au contraire, la contenance moyenne de chaque concession est de 450 hectares environ, et cette étendue est très-convenable. C'est ainsi que dans la Ruhr, les concessions des principaux charbonnages, antérieures à 1872, telles que *Dalbusch*, *Consolidation*, *Alma*, *Præsident*, *Schamrock*, *Centrum*, etc., etc., n'ont pas une superficie aussi considérable. Néanmoins chacune d'elles sert de base à une société puissante dont le capital, estimé d'après le cours désastreux des actions en 1876, se chiffre encore par millions de thalers.

Cependant si l'on veut attirer les capitaux et arriver à constituer rapidement de puissantes Sociétés charbonnières dans le Limbourg, il sera nécessaire de fusionner plusieurs des concessions existantes. L'histoire industrielle du Hainaut et du Pas-de-Calais nous donne la meilleure preuve que des Sociétés comme Anzin, Lens, Carvin, les Charbonnages Belges, les Produits, Monceau-Fontaine, les Charbonnages-Unis, Ouest de Mons, les Charbonnages Réunis de Charleroi, etc., dont l'étendue des concessions atteint plusieurs milliers d'hectares, ont fait plus, pour la prospérité des bassins belges et français, que les petites exploitations charbonnières.

On comprend, en effet, que pour établir des siéges d'extraction convenablement outillés, les relier aux diverses voies de transport, établir des habitations ouvrières aujourd'hui si nécessaires pour fixer les ouvriers, il faille des capitaux considérables. Or, ces capitaux se trouveront bien plus aisément pour l'exploitation de concessions très-importantes, qui offriront toujours une perspective de gain plus brillante et mieux assurée.

Cette fusion est d'ailleurs une nécessité pour quelques-unes des concessions actuelles. Il résulte, en effet, de l'examen de la configuration des premières concessions accordées, que, dans la fixation de leurs limites, on a pris pour base, des routes ou des points remarquables de la surface du sol, sans tenir aucun compte de la direction probable des couches. Or, cette direction est le seul élément qui doive servir de base à la détermination dont il s'agit, c'est ce que l'Administration semble avoir compris dans l'octroi des concessions plus récentes. Puisque nous sommes sur le chapitre des faits et gestes de l'Administration, nous ne pouvons nous dispenser de manifester notre étonnement au sujet des cautionnements exigés par le Gouvernement hollandais. C'est ainsi que parmi les conditions du cahier des charges de la concession *Aurora* figure l'obligation de déposer un cautionnement de 30,000 florins (63,300 francs). Ce cautionnement doit être restitué à concurrence des 4/5, au fur et à mesure de l'avancement des travaux d'installation d'un puits. Cette obligation est tout administrative et n'est nullement inscrite dans la loi sur les mines, de 1810. Nous pensons que cette mesure est plutôt nuisible qu'utile, surtout quand il s'agit d'un nouveau bassin, et on ne comprend guère que le Gouvernement hollandais suscite des entraves à une industrie naissante, au lieu de lui prodiguer ses encouragements. Qu'arrivera-t-il si le concessionnaire ne parvenant point à réunir de capitaux suffisants, ne donne aucune suite à ses projets d'exploitation ? Il encourra la déchéance, c'est naturel. Mais perdra-t-il la somme qu'il aura dû fournir à titre de caution ? Si oui, n'est-il pas inique d'imposer un sacrifice aussi considérable à celui qui aura cherché à doter son pays d'une industrie nouvelle, sans pouvoir y réussir ? Il nous semble pourtant que la dépense, en pure perte, occasionnée par des travaux de recherche toujours très-coûteux et la déchéance sont bien une peine suffisante pour les concessionnaires malheureux. Si non, à quoi sert le cautionnement ? Nous ajouterons que dans les pays où les administrations publiques ont fait une étude approfondie de la question, en Belgique, en France et en Allemagne, on est beau-

coup plus large. Loin d'imposer une garantie qui n'est pas inscrite dans la loi, on n'applique guère cette dernière dans toute sa rigueur.

La déchéance que la loi décrète contre ceux qui n'exploitent point les concessions obtenues à la suite de leurs travaux de recherche, n'est généralement pas prononcée, et on l'a toujours considérée simplement comme une arme dont le Gouvernement ne doit user que dans des cas exceptionnels, lorsque, par exemple, l'inaction du concessionnaire est due à une mauvaise volonté manifeste. Le Gouvernement, en accordant une concession ne fait en définitive que reconnaître le droit de propriété au premier occupant. C'est là un privilége parfaitement justifiable accordé à celui qui, le premier, a découvert l'existence d'un gisement. Mais pourquoi l'octroi de la concession entraîne-t-il l'obligation d'exploiter dans un délai déterminé ? Cela ne semble pas équitable, car, enfin, il se peut que le concessionnaire reconnaisse par une série de sondages que le gisement ne peut être exploité lucrativement ou bien que les morts terrains qui le recouvrent le rendent inabordable. Dans ce cas, la déchéance doit être prononcée, mais la confiscation du cautionnement est injuste puisqu'en somme, le concessionnaire n'a causé de tort à l'Etat ni à personne, et que lui seul est suffisamment lésé dans ses intérêts, par la perte complète des capitaux engagés. D'un autre côté, si l'exploitation est possible, mais que diverses circonstances doivent la rendre onéreuse si l'on entreprend avant un temps déterminé, s'en suit-il que le concessionnaire ne pourra attendre l'époque favorable sans perdre ses droits de priorité ? En tout état de cause, l'éventualité d'une perte de 30,000 florins est un obstacle sérieux à des tentatives qui ne peuvent que contribuer à donner au pays une nouvelle source de richesses.

Le Gouvernement hollandais agirait sagement, croyons-nous, en renonçant à cette innovation du cautionnement non justifiée et toujours plus nuisible qu'utile, et en s'en tenant à la clause pénale de la déchéance, inscrite dans la loi de 1810.

Nous sommes arrivés presqu'au bout de notre tâche. Nous avons réuni dans cette notice tous les renseignements qu'il nous a été possible de recueillir sur le nouveau bassin du Limbourg.

Nous avons aussi cherché à déterminer l'importance d'une découverte dont on s'est beaucoup occupé dans ces derniers temps. Quelques-uns trouveront peut-être que notre appréciation, à cet égard, repose sur de pures hypothèses. La question est de voir si ces hypothèses sont, ou non, basées sur des éléments sérieux, c'est à dire sur un nombre suffisant de faits positifs. Nous ne considérons pas toutes nos conclusions comme absolument certaines, mais au moins comme très-probables. Aussi avons-nous formulé le vœu que de nouvelles recherches soient faites dans le but de donner à ces conclusions une précision plus grande. Au surplus, nous renvoyons le lecteur au rapport de M. G. Lambert qui a étudié de très-près le nouveau bassin houiller du Limbourg et à celui de M. Von Dechen, annexés à la fin de cette notice. On remarquera que les conclusions de ces deux rapports sont très-affirmatives. L'autorité qui s'attache à leurs auteurs donne une grande valeur à ces affirmations.

Avant de terminer il nous reste quelques mots à dire sur la valeur du nouveau bassin.

La valeur des concessions de mines de houille, tout comme celle des propriétés immobilières en général, se compose de deux éléments : la valeur absolue et la valeur relative. Jusqu'ici nous avons parlé de la richesse probable du bassin du Limbourg, c'est-à-dire de sa valeur absolue. On doit entendre par-là, celle qui a pour facteurs, le nombre des couches, leur nature plus ou moins grasse et leur *puissance*. L'importance d'un bassin ne peut se calculer d'après la valeur absolue seule, car prise isolément elle est toujours de faible importance. Que vaudrait, en effet, le bassin houiller le plus riche situé au milieu d'un pays désert, sans voies de communication et vierge de toute industrie? Quant à la valeur relative, elle est d'une nature variable et dépend de la situation géographique du bassin. Elle résulte de la proximité et de l'importance des débouchés, de la facilité des transports, de la force et de la facilité de production des bassins concurrents, ainsi que de l'élévation des frais de transport et de main-d'œuvre. L'importance d'un bassin sera donc considérable à la condition d'offrir, à la fois, une valeur absolue qui le rende susceptible, d'exploitation et une valeur relative élevée.

De la sorte, le prix de revient pourra être avantageux, et le prix de vente suffisamment rémunérateur. Ce sont ces éléments qui donnent une valeur plus ou moins considérable aux bassins de la Ruhr, de Liége, du Hainaut et du Pas-de-Calais. Ce dernier, par exemple, ne doit-il pas en grande partie son importance à la proximité des lieux de consommation, et aux facilités de transport données à ses produits. Sans ces deux conditions, on n'aurait certainement pas vu, après vingt ans, la valeur d'une seule part d'Anzin atteindre un million de francs, et des actions de 300 francs de Lens s'élever, en 1872, jusqu'à 34,000 francs.

Les gisements houillers du Limbourg se présentent dans des conditions géographiques exceptionnellement favorables, qui lui permettront de faire une rude concurrence aux autres bassins, notamment à celui de la Ruhr. La distance qui les sépare de ce dernier est plus grande que celle qui sépare le bassin de Mons de celui d'Anzin auquel il dispute pourtant la clientèle du nord-est de la France. Il est certain que le Limbourg, grâce à la différence des transports qui sera considérable, enlèvera à la Ruhr les nombreux débouchés du nord de la Belgique, de toute la Hollande et de la province industrielle d'Aix-la-Chapelle. A l'appui de ce que nous avançons, nous donnons ci-dessous un tableau comparatif des tarifs pour le transport des houilles et cokes du bassin de la Ruhr, en prenant pour point de départ la gare de Kohlscheidt, station tarifée la plus proche du bassin du Limbourg, et celles de Bochum et Ruhrort, c'est-à-dire le centre et l'extrémité ouest du bassin de la Ruhr. Notons, en passant, que pour des points d'arrivée situés à l'est, la différence qui ressort de ce tableau serait plus forte encore, si nous avions pu prendre, pour point de départ, une station plus rapprochée des nouvelles concessions.

LIEUX DE DESTINATION (1).	Frais de transport par chemin de fer, pour 10,000 kilog. de houille ou de coke, à partir de :		
	Kohlscheidt.	Ruhrort.	Bochum.
	fr. c.	fr. c.	fr. c.
Anvers	60 20	88 50	97 »
Bruxelles	58 »	86 50	95 »
Gand	63 20	92 »	100 »
Bruges	67 20	95 50	104 »
Hasselt	46 30	78 »	87 80
Erquelines	61 »	91 »	97 »
Aix-la-Chapelle	13 »	49 75	60 »
Luxembourg	75 »	104 »	110 60
Givet	68 »	88 »	100 50
Paris	139 20	176 »	187 »

Il en résulte une différence moyenne de fr. 2.99, par tonne, avec Ruhrort, et de fr. 3.88 avec le centre du bassin de la Ruhr.

Quant aux moyens de transport, on peut être assuré qu'ils ne feront pas défaut. Indépendamment des lignes qui relient actuellement Maestricht et Aix-la-Chapelle, l'une à l'autre, et à tous les lieux de consommation dont il s'agit, il est évident, qu'une fois les houillères du Limbourg en exploitation, les capitaux nécessaires pour la construction de lignes nouvelles se trouveront aisément.

---

(1) Pour les charbons en destination de la Hollande, au nord du nouveau bassin, il n'y a pas de différence notable dans les prix de transport; suivant les lieux d'origine et de destination, l'avantage est tantôt pour l'un des bassins, tantôt pour l'autre; ainsi on paie, par 10,000 kilog., de :

Bochum à Eindhoven	48 » marks.	
Kohlscheidt »	42 30	»
Ruhrort »	40 »	»

La ligne d'Aix à Maestricht, faisant partie du Grand Central belge, suffira d'ailleurs pendant longtemps, et les voies de raccordement aux concessions actuelles ne seront ni bien longues ni bien coûteuses. Une nouvelle ligne ne deviendrait nécessaire que pour desservir des exploitations qui seraient situées au nord des concessions actuelles.

Quant aux transports par eau, nous ferons remarquer que la Meuse est à deux lieues des concessions; il serait possible de s'y relier par un canal de peu de longueur. Cette dernière entreprise serait évidemment largement rémunérée par suite de l'importance des transports de charbon qui suivraient cette voie.

Comme conclusion de l'étude que nous venons de faire, nous pouvons nous résumer comme suit :

1° Au N.-O. du bassin de la Worm, on a reconnu sur un espace de quatre lieues carrées l'existence d'un gisement de houille renfermant de nombreuses couches d'une *puissance* qui atteint souvent 1^m50. La direction générale des couches semble être du N.-E. au S.-O. et leur pente comme celle du bassin, dans la région explorée, se fait selon toute apparence vers le N.-O.

2° Les différentes analyses qui ont été faites permettent de conclure que ce bassin renferme l'étage inférieur c'est-à-dire la série des charbons maigres, dans la partie méridionale, puis les étages supérieurs, au fur et à mesure qu'on s'avance vers le nord. Nous pouvons déduire de ce fait le sens de l'inclinaison des couches, et une grande certitude de rencontrer en allant plus au nord, tout le premier étage ou la série complète des charbons gras et à gaz.

3° Tout en constatant la difficulté que présentera en général la traversée des morts terrains, on peut dire que le terrain houiller parfaitement abordable en certains points, et notamment aux sondages d'*Abendster* et de *Crescendo*. (1)

---

(1) Des travaux tous récents effectués dans les environs de Geldern, localité située sur la rive gauche du Rhin et sur la ligne de Cologne à La Haye et Amsterdam viennent encore de confirmer la prolongation du bassin de la Wesphalie vers l'ouest. Malgré la forte épaisseur des morts terrains qu'il y aura à traverser dans cette région les sociétés de *Dechen* et *Vulcan* y ont établi des sondages dans le but d'obtenir des concessions. Ces sondages sont fort avancés; l'un d'eux est ac-

4° Les considérations géologiques semblent prouver que le bassin du Limbourg fait partie de la grande formation houillère qui s'étend de la Westphalie jusqu'en Angleterre. Par conséquent il est à supposer que le gisement du Limbourg a une étendue beaucoup plus grande que celle reconnue par les sondages, principalement en largeur. D'après cela, il est permis d'espérer que ce bassin contient un très-grand nombre de couches puissantes, des divers étages, et se présentant dans des conditions économiques d'exploitation.

5° Enfin, au point de vue industriel, le bassin du Limbourg est dans une situation géographique telle qu'il pourra aisément faire concurrence pour le placement de ses produits aux bassins du Hainaut, de Liége et de la Ruhr.

Dans ces conditions il n'est pas douteux que l'on verra établir d'ici à peu de temps, dans le Limbourg, de nombreux puits d'exploitation. Il ne faut pas se dissimuler que des charbonnages installés dans ce pays, pourront, grâce à une situation exceptionnellement favorable et à un outillage en rapport avec les derniers progrès de l'industrie, faire une concurrence désastreuse aux bassins belges et allemands et leur enlever bien des débouchés.

Il y a là pour la Belgique particulièrement un point noir qu'on ne parviendra pas à dissiper, comme jadis, en cherchant à discréditer le nouveau bassin. Ceux qui envisageraient l'avenir avec dédain ou insouciance feraient fausse route, et il serait trop tard pour eux de venir à résipiscence quand l'ennemi sera dans la place. Nous ne devons non plus espérer que, vu la période de crise où se trouve l'industrie, les capitalistes hésiteront à se lancer dans de nouvelles entreprises. Les capitaux sont très-abondants, personne ne l'ignore, et, tout en usant d'une grande prudence, ils guettent l'occasion de s'employer sûrement

---

tuellement à 485^m et dans le terrain houiller. On s'attend de jour en jour à rencontrer la houille, fait important à signaler, on y a traversé plus de 50 mètres de sables aachéniens à une profondeur de 3 à 400 mètres. Malgré les difficultés que présenteront évidemment de tels travaux, les sociétés de *Dechen* et *Vulcan* sont décidées, paraît-il, à y placer des *avaleresses* aussitôt que les concessions auront été accordées.

et avec certitude de bénéfices. Or le bassin du Limbourg se trouve dans des conditions trop exceptionnelles pour échapper à leur attention. La presse étrangère s'est occupée de la question à plusieurs reprises, et il paraît que nos voisins témoignent pour tout ce qui se fait dans le Limbourg, un intérêt de nature à justifier nos craintes. En Hollande on n'est guère industriel, en Allemagne l'argent ferait peut-être défaut, mais en France et en Angleterre surtout, il n'en est pas de même. Grâce à la publicité donnée, dans ces deux pays, aux heureux résultats obtenus dans les explorations du Limbourg, grâce à l'examen approfondi qu'ont fait de la question des personnes très-compétents et peut-être aussi à certaines démarches des concessionnaires, diverses combinaisons ayant pour but la reprise des concessions du Limbourg sont à l'étude. Nous ne pouvons rien affirmer au sujet de leur importance ou de leurs chances de succès, et si nous signalons le fait, c'est pour montrer d'où viendra le danger. On ne doit pas oublier d'ailleurs qu'un puits est déjà en enfoncement sur la concession *Willem*; c'est un avertissement, l'élan est donné, et, soyons-en bien persuadés, on ne s'en tiendra pas là. Il ne suffit pas, dira-t-on, de signaler le danger, il faut indiquer le remède. A notre avis, il n'y en a qu'un : il faut prendre, comme on dit, le taureau par les cornes. Étant bien convaincus qu'il n'est pas en notre pouvoir d'enrayer l'essor industriel que prendra infailliblement le Limbourg, nous devons nous rendre maîtres de la situation et aviser immédiatement aux mesures que comporte l'intérêt de notre principale industrie nationale. Le bassin houiller du Limbourg est une arme qu'on peut tourner contre nous, il faut nous en emparer pour nous en servir contre nos concurrents. Nous n'entendons pas dire par cela qu'il suffirait, pour écarter tout danger, que des capitalistes belges quelconques s'intéressassent dans les nouvelles exploitations qui viendraient à s'établir dans le Limbourg. Évidemment non; il faudrait d'abord qu'ils fussent assez puissants pour avoir toute la direction de ces entreprises, mais alors n'y aurait-il pas encore à craindre que, par suite de spéculations ou de combinaisons financières, ils ne viennent bientôt à perdre toute leur influence.

A notre avis, un syndicat de nos principales sociétés financières et industrielles devrait se fonder à cette fin, et serait seul capables de garder une position acquise. Il aurait non-seulement un but lucratif à poursuivre, mais un intérêt de conservation à protéger.

Nous faisons des vœux pour que nos industriels étudient sérieusement la situation et cela sans retard. S'ils ne prennent les devants, ils risquent fort de voir les capitalistes étrangers s'emparer de la position. La Belgique a son rang à garder dans la grande industrie. Ne perdons pas de vue que le Limbourg deviendra certainement le centre d'un grand mouvement industriel, ne fut-ce que pour la création des voies de transport, et que ce mouvement sera une source considérable de bénéfices pour ceux qui le dirigeront. Il est évident que ceux qui auront en mains l'administration des principales entreprises minières du nouveau bassin seront mieux à même que personne de prévoir les besoins industriels et commerciaux qui en résulteront, de prendre l'initiative des créations à faire et la direction des capitaux qui s'y consacreront. L'exploitation d'un bassin houiller opérera dans le Limbourg, en quelques années, une transformation dont on ne peut se faire une idée exacte qu'en considérant ce qui s'est passé dans le Pas-de-Calais et dans la Westphalie, et le degré de prospérité qu'ont atteint les provinces du Hainaut et de Liége. Nous n'entrerons pas dans de plus longues considérations sur un sujet que nous ne nous sommes pas proposé de traiter, nous nous bornerons, en terminant cet opuscule, à rappeler une parole d'un de nos hommes d'Etat les plus éminents, parole qui s'applique parfaitement à la bonne administration des intérêts matériels « GOUVERNER, C'EST PRÉVOIR. »

RAPPORT

DE

M. GUILLAUME LAMBERT, INGÉNIEUR DES MINES,

Professeur à l'Université de Louvain.

Sur le nouveau bassin du Limbourg-Hollandais.

Pendant les premiers temps de l'exploitation de la houille en Europe, on n'a mis en valeur que les parties du terrain houiller affleurant à la surface ou non recouvertes par les formations plus récentes. Au fur et à mesure de l'épuisement de ces parties, les travaux se sont étendus sous les terrains récents.

C'est ainsi qu'en Westphalie, en Belgique, dans le nord de la France et dans le nord de l'Angleterre, la surface houillère exploitée ou connue est aujourd'hui dix fois plus grande qu'elle ne l'était il y a cinquante ans.

C'est surtout dans ces dernières années, que le renchérissement du prix de la houille a donné lieu aux recherches et aux explorations les plus actives et les plus fructueuses.

De là, la création d'un grand centre d'exploitation dans le département du Pas-de-Calais, en France. De là, aussi, les découvertes splendides qui ont été faites dans la partie septentrionale du bassin de la Ruhr. Dans ce bassin on a reconnu et mis en valeur vers le Nord une nouvelle bande houillère n'ayant pas moins de quinze kilomètres de largeur et pour laquelle on n'a pas encore trouvé de trace de la limite septentrionale. Au contraire, il semble que l'épaisseur et la régularité des couches augmentent au fur et à mesure que les travaux avancent dans cette direction (1).

L'augmentation de l'épaisseur des terrains supérieurs à la formation houil-

---

(1) Actuellement la largeur du bassin houiller déjà reconnue, mesurée sur la méridienne passant par Bochum, est de cinquante kilomètres seulement.

lère, vers le Nord, ralentit l'établissement des siéges d'extraction dans cette nouvelle région houillère.

Heureusement ces terrains appartenant presqu'exclusivement à la partie inférieure du terrain crétacé, sont formés de marnes grasses, argileuses, très-peu aquifères, faciles à entamer et non ébouleuses. de manière que des puits de cinq mètres de diamètre peuvent y être percés jusqu'au terrain houiller, c'est-à-dire jusqu'à 200 ou 300 mètres de profondeur, à moins de frais qu'il n'en a fallu faire au couchant de Mons pour plusieurs passages de niveau de 50 à 100^m de hauteur à travers de la craie très-fissurée et très-ouverte et surtout à travers les bancs de rabot ou de silex extrêmement aquifères qui ne manquent jamais dans le Hainaut à la partie inférieure de cette craie.

Dans les parties les plus septentrionales de cette nouvelle bande ou dans le voisinage de la rivière Lippé, les sables tertiaires qui reposent sur le terrain crétacé et les calcaires magnésiens du terrain perméen qui semblent exister dans ces parages présenteront probablement de grandes difficultés pour le percement des puits. Toutefois on n'a guère à s'occuper de cette éventualité : la partie abordable suffit à elle seule pour assurer l'avenir pendant de longues années. Il semble probable que le bassin Westphalien a une largeur proportionnée à la longueur que nous présumons devoir lui attribuer. Vers le Nord, ce bassin ne s'arrête pas, croyons-nous, à la rivière Lippe, mais il s'étend beaucoup plus avant dans cette direction. Sous les terrains crétacés et triasiques, qui, à une certaine distance au Nord se montrent à la surface sur une très-grande étendue. L'allure générale de ces terrains semble même indigner que ledit bassin continue jusqu'à Ibbenburen et Osnabruck, où affleure une bande houillère à plus de 60 kilom. au Nord de la rivière Lippe, et à 35 kilom. environ au Nord de la ville de Munster. Les couches exploitées à Ibbenburen appartiennent évidemment à la partie inférieure du terrain houiller; elles sont d'ailleurs contenues dans le *millstone grit* parfaitement caractérisé, et près d'Osnabruck, on extrait de l'anthracite tout à fait analogue à celui de la Pensylvanie.

Dans ces prévisions, on comprend tout l'intérêt que présenteraient des puits ou des sondages de reconnaissance exécutés sur quelques points surtout vers le Nord de cette immense zone s'étendant des bords de la Lippe à Osnabruck.

Des faits analogues à ceux qu'on vient de signaler se sont aussi produits en Angleterre : — Le bassin houiller le plus riche de cette contrée a été exploité avec fruit vers le Nord sur la plus grande échelle. — Là encore il a été reconnu que les parties les plus riches et les plus régulières de ce bassin, se trouvent vers le Nord; seulement elles y sont moins favorablement situées qu'en Westphalie, car elles plongent et disparaissent trop rapidement sous la mer et sous de grandes épaisseurs de nouveau grès rouge et de calcaire magnésien très-aquifère (Permien).

Pour bien faire comprendre ce qui précède, nous donnons ci-joint : 1º Une coupe passant par les petits bassins houillers de Canobie et de Plashette et de là par Hownes Gill et Monkyyearmouth ou par le grand bassin de Durham.

La partie de droite, B. C. de cette coupe est à peu près dirigée du Sud-Ouest au Nord-Est.

2° Une coupe du bassin de la Ruhr; celle-ci passe par Dildorf, Essen et Gladbeck.

Elle est donc dirigée à peu près suivant une méridienne.

Comme complément de ces deux coupes, nous en donnons une troisième aussi Nord-Sud et passant par Theux, Richelle et Sittard, c'est-à-dire prise à peu près au 1/6 Est de la distance qui sépare les deux autres. Cette coupe dressée en 1830, par une autorité : le géologue André Dumont, se trouve jointe à son travail sur la constitution géologique de la province de Liége, couronné par l'Académie à cette époque; elle n'a donc pas été faite pour le besoin de notre cause. Nous y avons seulement ajouté la partie Nord qui est pointillée.

Un fait marquant ressort de l'examen de ces trois coupes et de l'étude der trois grands bassins auxquels elles se rapportent : dans ces trois bassins la partie Sud du terrain houiller est très-contournée et très-disloquée par suite des pressions dans tous les sens qui semblent avoir été exercées sur elles pendant sa formation ou peu après et avant le dépôt de roches plus récentes.

Il en résulte que la limite sud de ces bassins est fort irrégulière et que sur un certain nombre de points on trouve latéralement aux bassins principaux, des pointes de bassins embranchées sur le bassin principal ou même de petits bassins isolés et circonscrits.

Du côté Nord au contraire, comme l'indique les coupes des Bassins Anglais et Allemands, la régularité est très grande et plus on avance plus elle semble augmenter en même temps que la richesse du Bassin.

Ce fait est d'une grande portée pour les explorations futures, dans les points situés intermédiairement à ces coupes; car toutes les fois que la partie déjà connue, présentera de grandes dislocations, de nombreux changements d'inclinaison et de fortes pentes, il y aura lieu d'explorer la partie Nord jusqu'à une grande distance pour s'assurer si le bassin principal régulier ne se trouve pas dans cette direction.

A ce point de vue le Limbourg Hollandais et probablement aussi la partie Nord de la Belgique sont favorablement situés pour espérer d'y retrouver le prolongement du terrain houiller.

Il est admis que le bassin houiller de la Belgique est dû au même mode de formation que ceux de l'Allemagne et du Nord de l'Angleterre, entre lesquels il se trouve compris et dont, à notre avis, il doit être considéré comme faisant partie.

Un fait récent vient encore justifier cette assertion. C'est d'une part le prolongement du bassin de la Ruhr, vers l'Ouest, aujourd'hui bien constaté pas le puits d'exploitation actuellement en activité à Homberg, à la rive gauche ou de ce côté-ci du Rhin. En outre la découverte de la houille à Créfeld, c'est-à-dire beaucoup plus à l'Ouest du Rhin.

Ce prolongement est d'ailleurs nettement indiqué par l'allure générale des terrains primaires encaissants.

En y regardant attentivement, il est facile de reconnaître que dans la partie extrême Ouest, le bassin Allemand s'infléchit légèrement vers le Sud, et d'après ce que nous avons dit plus haut il est facile aussi de reconnaître que les bassins de Stolberg et de la Worm, ne forment que l'arête méridionale du grand bassin.

Un grand nombre d'ingénieurs et de géologues Anglais et parmi ces derniers nous citerons M. Prestwich, un des plus célèbres, sont d'avis que l'on ne peut guère mettre en doute l'existence du terrain houiller dans le voisinage de Londres, en dessous des fortes épaisseurs d'assises plus récentes que l'on trouve sur ce point, surtout au Nord de la Grande ville.

Des sondages sont même actuellement en voie d'exécution, pour arriver à mettre en évidence, si possible, un fait d'une aussi haute importance. Les centaines de sondages exécutés tout récemment sous la Manche pour déterminer l'allure des assises crétacées en ce point, sont encore venus corroborer ces prévisions en démontrant que lesdites assises inclinent régulièrement de un ou deux p. c. vers le Nord-Nord-Est.

D'après cette manière de voir la bande houillère en question s'étendrait d'une façon à peu près continue depuis la portée Est de la Westphalie ou depuis les sources de la rivière Lippé aux environs de Laderborn jusqu'à l'Ecosse, soit sur 250 lieues environ. Comparativement à d'autres formations géologiques avoisinantes et même à d'autres formations houillères, cette grande étendue n'a rien qui doive surprendre puisque le grand gisement carbonifère de l'Amérique du Nord est exploité sur plus de 350 lieues de longueur de l'Est à l'Ouest ! C'est-à-dire que ce gisement est abordable sur à peu près toute cette longueur. Chez nous ou en Europe les points riches et faciles à atteindre, comme tout semble indiquer que le sera celui du Limbourg Hollandais, ont jusqu'ici été peu nombreux et de plus assez restreints. C'est pour cette raison sans doute que leur liaison ou la continuité du grand dépôt n'avait pas été bien reconnue jusqu'à présent. Ajoutons encore que si la recherche du prolongement du bassin Belge vers le Nord n'a pas eu lieu plus tôt, c'est qu'elle n'avait pour ainsi dire qu'une valeur scientifique. L'étendue et la richesse de la partie déjà connue de notre bassin ayant suffi facilement aux besoins de la consommation jusque dans ces derniers temps.

Le point de vue pratique ou industriel de ces recherches, semble cependant avoir déjà été aperçu par d'anciens explorateurs et on peut dire que depuis longtemps l'existence de la houille semble avoir été soupçonnée dans le Limbourg Hollandais, puisque une concession paraît avoir déjà été accordée sous le Gouvernement Français, dans les environs de Sittard.

Seulement cette concession est restée sans effet, les travaux effectués pour atteindre le gîte houiller étant restés dans les terrains supérieurs.

Plus tard, en 1856, la Société de l'Union minérale pour la Néerlande, a encore entrepris de nouvelles recherches dans le même but, mais moins bien renseignée, à ce qu'il paraît, et moins hardie que les premiers explorateurs, elle est restée trop au Sud.

Vers 1873, une nouvelle Société s'est formée pour la recherche du combustible minéral dans le Limbourg Hollandais.

Enhardie par les résultats splendides obtenus à ce moment dans la partie Nord du bassin de la Ruhr, cette Société n'a pas hésité à se porter dès l'abord, beaucoup au Nord des travaux de ses devanciers. Une réussite complète a couronné ces nouvelles recherches que nous allons décrire.

Quatre sondages désignés sous les nᵒˢ 1. 2, 3 et 4 ont été exécutés à d'assez grandes distances l'un de l'autre, comme on le voit sur le petit plan de surface ci-joint et le terrain houiller avec houille a été constaté à chacun de ces sondages, comme on le verra bientôt par les coupes que nous en donnerons.

Ce qui est encourageant dans ces recherches, c'est que l'étendue houillère découverte est trop grande pour laisser des doutes sur son importance, surtout quand on tient compte de l'inflexion Sud dont nous avons parlé. Ce qui est en outre très-favorable à la mise en valeur de ce gisement, c'est que chacun des quatre points où il a été atteint, la nature et l'épaisseur des terrains récents qui le recouvrent, ne peuvent y faire obstacle; en d'autres termes, sur chacun de ces points, le percement de puits ne semble pas devoir donner lieu ni à de grandes dépenses ni à de grandes difficultés.

En comparant les échantillons de terrains crétacés retirés de chacun de ces sondages et notamment de celui de Worvaert nᵒ 4 à Wynandsraden ou le plus au Nord avec les mêmes terrains reposant comme ici directement sur la formation houillère, dans les derniers puits creusés dans la partie Nord du bassin de la Ruhr, sous les communes de Herné, de Recklinghausen, etc., etc., on est frappé de la ressemblance parfaite qui existe entre ces terrains.

Or, on sait maintenant par le creusement de ces derniers puits que, à part les difficultés que peuvent présenter les terrains tertiaires qui recouvrent par plans les assises crétacées, ces dernières sont formés de marnes grasses tendres, peu ou point aquifères et reposant directement sur le terrain houiller de manière que l'on a pu traverser à plusieurs de ces puits, 200 et même 300 mètres de ces marnes, très-rapidement, sans difficultés et avec des moyens d'extraire ou d'épuisement très-réduits.

Un seul cas sur 25, celui de König Ludwig à Herné s'est présenté où des coupes et des cassures dans les marnes ont laissé affluer dans le puits une quantité d'eau trop forte pour permettre le creusement jusqu'au terrain houiller par les procédés ordinaires.

Donnons maintenant la liste des terrains rencontrés à chacun des quatre sondages dont il s'agit ici.

Sondage N° 1 ou AURORA.

Situé à 1 300ᵐ au Sud-Ouest du village de Heerlen, contre la route de Maastricht à Heerlen et à Aix-la-Chapelle.

A la suite de la découverte du terrain houiller avec houille faite par ce sondage, le Gouvernement hollandais a accordé une concession de 424 hectares 85 ares, ayant environ une longueur de 3.100ᵐ mesurée du Sud-Ouest au Sud-Est, sur 1.350ᵐ de largeur.

Le sondage se trouve à peu près au centre de cette surface. Un siége d'extraction établi à ce point pourrait parfaitement servir pour l'exploitation de toute la concession.

	ÉPAISSEUR	PROFONDEUR
	m	m
Limon hesbayen	3.18	
		3.18
Argile jaune, sableuse, blanchâtre avec petits galets de quartz blanc (Diluvien)	9.36	
		12.54
TERTIAIRE — Sable jaune légèrement argileux	10.45	
		22.99
Sable bleuâtre argileux	4.18	
		27.17
Sable argileux avec lignite (Tongrien)	2.12	
		29.29
Argile sableuse couleur bleuâtre (lignite avec turritelles et cérithes)	2.06	
		31.35
Sable gris, légèrement argileux	12.54	
		43.89
Sable argileux	4.20	
		48.09
Sable légèrement argileux	4.16	
		52.25
Sable très-fin avec débris de coquillages	12.79	
		65.04
CRÉTACÉ — Marne calcareuse bleuâtre avec parties grises	11.36	
		76.40
Terrain houiller (schiste)	10.60	
		87.00
Houille (constatée officiellement)	» 30	
		87.30
Schiste houiller	16.18	
		103.48
Houille (constatée officiellement	» 60	
		104.80

Sondage N° 2 ou NORDSTERN.

Situé sur la commune de Klimmen à 1,825ᵐ au Nord-Nord-Ouest du village de Voerendael, à 2,400ᵐ environ au Nord du Sondage N° 3.

		ÉPAISSEUR	PROFONDEUR
		m	m
	Limon Hesbayen.	3.766	3.766
TERTIAIRE	Sable argileux	2.510	6.276
	Sable avec pyrites	3.138	9.414
	Sable gris	10.043	19.457
	Sable bleuâtre	16.949	36.406
	Argile bleuâtre sableuse	5,335	41.741
CRÉTACÉ	Marne blanche	14.282	56.023
	Marne jaune avec silex	13.024	69.047
	Marne grise	9.890	78.937
	Marne avec silex	2.354	81.291
	Marne grise	31.694	112.985
	Sable vert	2.197	115.182
	Marne grise	16.947	132.129
	Marne verte	35.152	167.281
	Sable gris	4.707	171.988
	Sable vert	8.945	180.933
	Marne grise	12.083	193.016
	Marne verte	5.650	198.666
	Schiste avec lignites sulfureux	3.139	201.805
	Sable gris	1.57	203.375
	Schiste houiller	16.015	218.320
	Houille (constatée officiellement)	1.24	219.560

Sondage Nᵒ 3 ou ABENDSTERN.

Situé à 2,850ᵐ à l'Ouest-Nord du Sondage Nᵒ 1 ou à 725ᵐ au Sud-Sud-Ouest du village de Voerendael et sur la commune de Klimmen, contre la route de Maestricht à Heerlen.

		ÉPAISSEUR	PROFONDEUR
		m	m
Limon Hesbayen		6.28	6.28
TERTIAIRE	Sable bleuâtre argileux	8.36	14.64
	Sable gris à grains fins, légèrement argileux	2 00	16.64
	Sable id. id. un peu plus argileux	4.00	20.64
	Sable argileux verdâtre	12.00	32.64
CRÉTACÉ	Calcaire jaunâtre grossier.	18.97	51.61
	Marne bleue argileuse avec noyaux calcareux	39.53	91.14
	Marne calcareuse verte dure.	4.39	95.53
	Marne verte	46.96	142.49
	Marne un peu plus grise	2.82	145.31
Schiste houiller		6.27	151.58
Grès houiller		4.08	155.66
Schiste houiller		43.00	198.66
Grès houiller		10.67	209.33
Schiste houiller		27.39	236.72
Houille (constatée officiellement)		2.21	238.93

Sondage N° 4 ou VORWAERTS.

Situé à 1,800ᵐ à l'Ouest du Sondage N° 2 et sur la commune de Wynandsraden. (1)

	ÉPAISSEUR	PROFONDEUR
	m	m
Limon sableux	4 »	4.00
Sable fin argileux jaunâtre	4 »	8.00
Argile grise sableuse avec petits galets blancs	6 »	14.00
Sable fin verdâtre légèrement argileux	4 »	18.00
id. avec lignite	2 »	20.00
Argile jaune sableuse	2 »	22.00
Sable gris légèrement argileux avec débris de fossiles	6 »	28.00
Argile grise sableuse	4 »	32.00
Sable fin, gris légèrement argileux.	18 »	50.00
id. bleu verdâtre plus argileux	4 »	54.00
Marne calcareuse grise	26 »	80.00
Marne plus argileuse	52 »	132.00
id. id. verte	34 »	166.00
id. id. plus verte et plus foncée	14 »	180.00
Marne verdâtre très argileuse	6 »	186.00
Marne argileuse grise verdâtre	13 »	199.00
Marne d'un vert foncé avec galets (tourtias)	1.76	200.76
Terrain houiller	7.33	208.09
Houille (constatée officiellement)	0.67	208.76

TERRAIN TERTIAIRE — TERRAIN CRÉTACÉ

(1) A ce sondage l'eau avait son niveau, à la fin du travail c'est-à-dire le 2 novembre 1875, à sept mètres sous le sol.

On peut déduire de l'examen de ces listes et en tenant compte des résultats obtenus à un 5ᵉ sondage désigné par la lettre X et dont nous n'avons pas eu à nous occuper, ce qui suit : (1.)

Le sondage n° 1 ayant atteint le terrain houiller à 76ᵐ40
et le sondage X, qui se trouve à 2.375ᵐ au Nord, ne l'ayant atteint
qu'à 103ᵐ87
la pente de la surface du terrain houiller vers le Nord est donc de : 27ᵐ47
entre ces 2 sondages, soit 1.16 p. c.

En nous reportant à 2,700ᵐ plus à l'Ouest, nous trouvons une pente un peu plus forte, car elle est de 2.23 p. c. le long de la ligne, allant du Sondage n° 3 au Sondage n° 2.

Cette ligne à la vérité n'est pas dirigée exactement au Nord vrai du Sondage n° 3 ; elle forme avec celle-ci un angle de quelques degrés vers l'Ouest, on peut donc admettre que ramenée au Nord vrai, la pente serait à ce point de 2 p. c. environ.

La plus forte pente de ladite surface a lieu vers le Nord-Ouest au moins sur ⋅a longueur de 3,750ᵐ qui sépare dans cette direction, les sondages nᵒˢ 1 et 2.

La pente atteint le long de cette ligne 3.27 p. c.

Au delà ou au Nord-Ouest de Nordstern (n° 2) on remarque un changement ; si la pente de 3.27 p. c. avait continué, on n'aurait dû atteindre le terrain houiller au Sondage n° 4 qu'à une profondeur dépassant 250ᵐ, tandis que ce terrain y a été recoupé à 208ᵐ.

Pour expliquer le fait, on peut admettre ou un aplatissement vers le Nord-Ouest, de la surface houillère à partir du Sondage n° 2 ou bien ce qui est plus probable, cette surface après avoir continué la pente vers le Nord-Ouest jusqu'à une certaine distance du Sondage n° 2, s'infléchit, c'est-à-dire qu'il y a pente en sens contraire ou vers le Nord-Est. Dans cette dernière supposition il existerait vers le Nordstern un bas-fond du terrain crétacé, ce que semble d'ailleurs indiquer assez clairement les sables aacheniens qu'on y a rencontrés.

De plus, si cette prévision est exacte, un sondage placé au Nord-Ouest du sondage n° 4, rencontrerait probablement le terrain houiller à une moindre profondeur que ce dernier.

Cherchons maintenant à déterminer la largeur de la nouvelle bande houillère découverte par les 4 sondages précités.

Au Sud-Est et au Sud de la partie où se trouvent placés les 4 sondages, les couches carbonifères, et celles des terrains encaissants ou plus anciens, au lieu d'être dirigées de l'Est à l'Ouest, courent du Sud-Ouest au Nord-Est : C'est donc sur une ligne menée du Nord-Ouest au Sud-Est, qu'il faut estimer la largeur de la nouvelle zone.

---

(1) D'après les renseignements qui ont été fournis, les orifices de ces quatre sondages seraient à peu près au même niveau. Ce fait semble d'ailleurs confirmé par l'examen de la configuration de la contrée qui est à peu près plate dans toute cette étendue.

Or dans cette direction, les sondages n°s 1 et 2, montrent la houille sur une largeur de 3,750^m et le chiffre peut être porté à 5,000^m en y ajoutant seulement 1,250^m pour le prolongement de cette zone au Sud-Est du sondage n° 1.

D'autre part, en admettant l'existence d'un bassin comme semblent l'indiquer les sondages n°s 2 et 4 et ainsi que nous l'avons dit plus haut, cette bande de 5,000^m ne comprend que le versant Sud-Est, et il est permis d'espérer que le versant opposé au Nord-Ouest aura au moins la même largeur. On comprend dès lors toute l'importance que présentera sans doute prochainement ce nouveau bassin dont la largeur, d'après cette estimation, atteindrait au moins une dizaine de kilomètres. (1.)

Dans ses parties les plus productives, le bassin houiller Belge atteint rarement cette largeur.

En résumé, les sondages n°s 1, 3 et 4, nous paraissent très-heureusement situés et tout semble indiquer qu'on peut sûrement et économiquement placer des avaleresses à chacun de ces sondages (2.)

G. LAMBERT.

Bruxelles, mars 1876.

---

(1) Le charbon recoupé par les 4 Sondages est renseigné comme flambant ou à gaz; il n'y a pas de doute pour nous que, vu l'étendue du bassin, il doit contenir les trois variétés de houille : maigre, flambante et grasse.

(2) La petite carte générale figurant les bassins houillers Allemands et Belges est extraite d'une publication de M. Burat.

On a seulement ajouté sur cette carte le prolongement de la partie Nord du Bassin Westphalien récemment reconnu, et le nouveau bassin de Sittard.

TRADUCTION

DU RAPPORT DE M. H. VON DECHEN

Dans son rapport du mois de mars dernier, sur la découverte d'un nouveau bassin houiller dans le Limbourg hollandais, M. Lambert, professeur à l'Université de Louvain, rappelle les faits géologiques généraux, et, en étudiant la position et la conformation des bassins houillers de la Ruhr, de la Belgique et du nord de l'Angleterre, il arrive à conclure que les trous de sonde *Aurora* au S.-O. de Hœrlen, *Nordstern*, S.-S.-O. de Voorendael, *Abenstern*, N.-N. O. de Voorendael, et de *Vorwaerts*, dans la commune de Wynandsraeden, fournissent la preuve suffisante qu'il existe dans ce pays un bassin houiller avec de nombreuses couches de charbon.

Je suis complétement de l'avis de M. Lambert. Je ne doute nullement, que, si on approfondit un puits dans la concession *Aurora*, près du trou de sonde qui y a été fait, on recoupera dans ce puits, en dessous des deux couches de houille de 0^m.30 et 0^m.60, épaisseurs verticales que ce trou de sonde a traversées à 87 mètres et 103^m.48 de profondeur, plusieurs autres couches de charbon. Il est presque impossible que ce trou de sonde puisse être placé sur les confins d'un bassin, de façon à ce qu'il n'ait rencontré que les deux couches inférieures de ce bassin, sans pouvoir en atteindre d'autres plus bas.

Si l'on se reporte à la description que j'ai faite du bassin le plus rapproché de ce pays, celui de la Wurm au-dessus de Herzogenrath, description publiée dans *ma revue orographique et géognostique* du Gouvernement d'Aix-la-Chapelle (Aachen-Benrath et Vogelzang, 1866 pages 135), ou dans mon ouvrage, *les minéraux utiles et les divers terrains de l'Allemagne* (Berlin-Guillaume-Reimer 1873, page 280); on ne peut pas douter de l'existence d'un bassin houiller très étendu, après que quatre trous de sonde distants de 2,850, de 2,400 et 1,300 mètres l'un de l'autre auront recoupé des couches de houille, fait existan pour le cas qui nous occupe. Dans le district de la Wurm on connaît en tout

45 couches de charbon, dont 14 sont regardées comme exploitables. La puissance totale de ces 14 couches est de 12ᵐ.47 de charbon. Dans la partie ouest
de ce district, qui n'est connue que depuis 30 ans, on a trouvé 23 couches
exploitables, d'une puissance totale de 18ᵐ.90 de charbon.

L'allure des couches de houille à l'ouest et au nord du district de la Wurm
n'est pas encore connue d'une manière certaine, parce que là, comme dans le
Limbourg Hollandais, le terrain houiller est recouvert par des couches tertiaires.

Ceci explique pourquoi, on ne peut pas émettre une opinion fondée sur
l'allure des couches dans le champ de mine Aurora, au S.-O. de Heerlen. Mais
on n'arriverait pas davantage au but, en formant un nouveau trou de sonde dans
cette concession. Admettons, en effet, qu'on recoupe dans ce nouveau trou de
sonde une couche plus puissante, mais que les carottes retirées indiquent une
forte pente des couches, et qu'ainsi la vraie puissance de la veine forée soit
faible ; il ne s'en suivrait pas plus que dans le cas actuel, qu'il n'y a pas possibilité
de rencontrer, tout à côté, des couches plus puissantes et plus plates, car ce fait
existe à chaque endroit du bassin de la Wurm.

Je ne conseillerai donc pas non plus de faire un nouveau trou de sonde, dans
le champ de mine Aurora ; car pour étudier celui-ci de plus près, il faudrait dans
tous les cas approfondir un puits quels que soient les résultats qu'aurait fournis
ce nouveau trou de sonde.

Bonn, le 29 Avril 1876.

(*Signé*) Dᵗᵒʳ H. VON DECHEN,

Geheimrath et Oberberghauptmann.

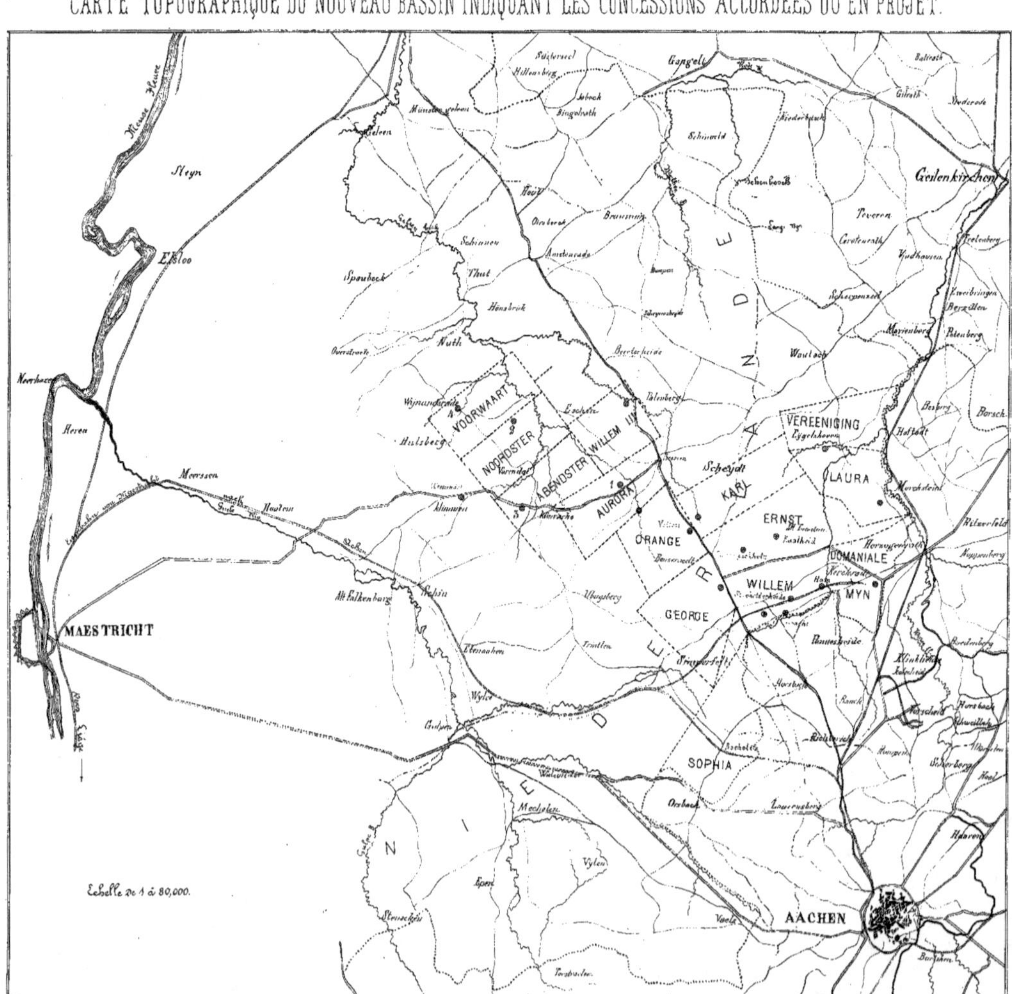

Echelle de 1 à 80,000.
MAESTRICHT
AACHEN
Geilenkirchen
VEREENIGING
LAURA
ERNST
DOMANIALE
WILLEM
MYN
GEORGE
SOPHIA
ORANGE
AURORA
KARL
Scherpt
WILLEM III
ABENDSTER
NOORDSTER
VOORWAART

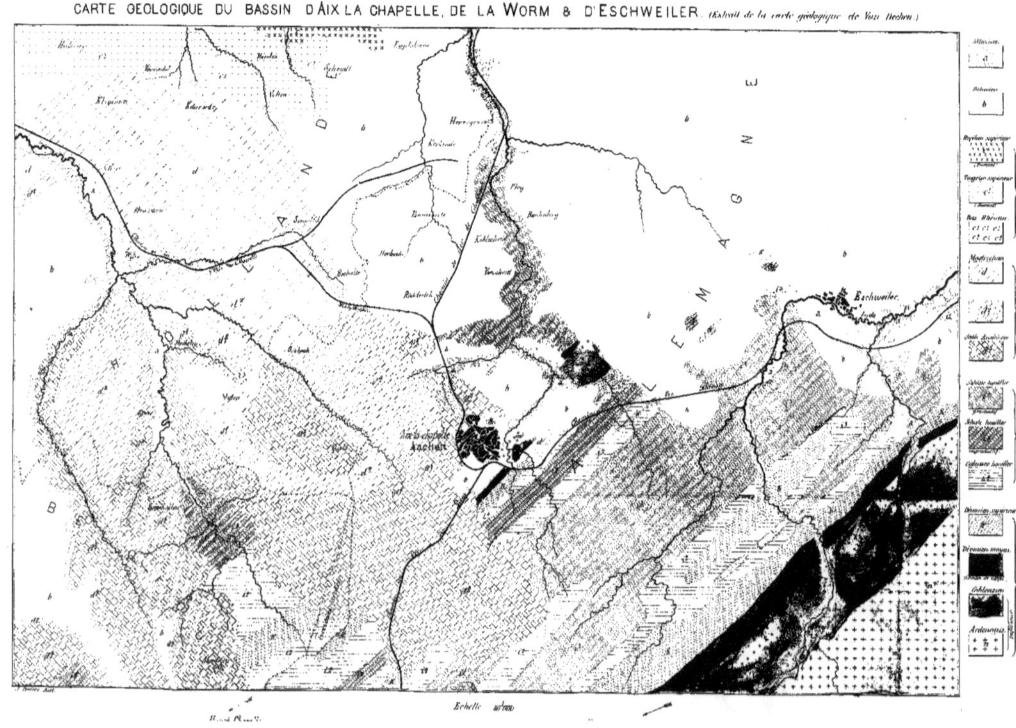

CARTE GEOLOGIQUE DU BASSIN D'AIX LA CHAPELLE, DE LA WORM & D'ESCHWEILER. (Extrait de la carte géologique de Von Dechen.)
Aix-la-chapelle
Aachen
Eschweiler
ALLEMAGNE
Echelle

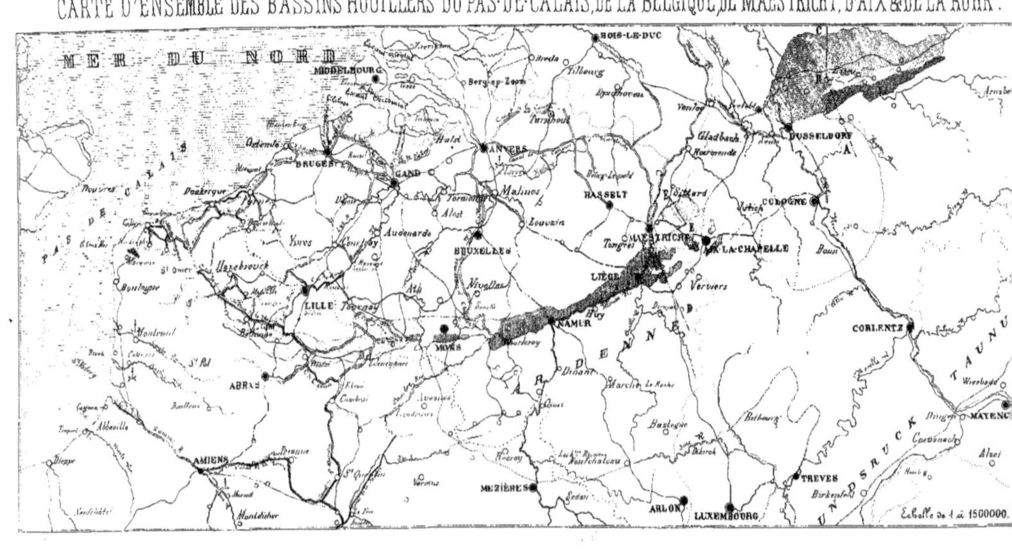

CARTE D'ENSEMBLE DES BASSINS HOUILLERS DU PAS-DE-CALAIS, DE LA BELGIQUE, DE MAESTRICHT, D'AIX & DE LA RUHR.
MER DU NORD
MIDDELBOURG
BOIS-LE-DUC
Breda
Tilbourg
Berg-op-Zoom
Lyndhoven
ANVERS
Turnhout
Venlo
Crefeld
Gladbach
Roermonde
DUSSELDORF
BRUGES
GAND
Malines
Alost
Louvain
HASSELT
Sittard
COLOGNE
Audenarde
Tongres
MAESTRICHT
AIX-LA-CHAPELLE
Bonn
Ostende
Dixmude
Yves
Courtroy
BRUXELLES
Nivelles
LIÈGE
Verviers
Dunkerque
Hazebrouck
St Omer
Huy
NAMUR
Boulogne
LILLE
Tournay
Ath
Montreuil
Béthune
MONS
Charleroy
ARDENNES
COBLENTZ
St Pol
Dinant
Marche La Roche
Wiesbade
TAUNUS
HUNSRUCK
ARRAS
Cambrai
Avesnes
Bastogne
Bitbourg
Landrecies
Givet
Dinge
MAYENCE
Abbeville
Creuznach
Alzei
Dieppe
AMIENS
St Quentin
Vervins
Laon
Rocroy
Libramont
Neufchateau
Sedan
TRÈVES
Birkenfeld
Neufchâtel
Montdidier
La Fère
MÉZIÈRES
ARLON
LUXEMBOURG
PAS DE CALAIS
Échelle de 1 à 1500000

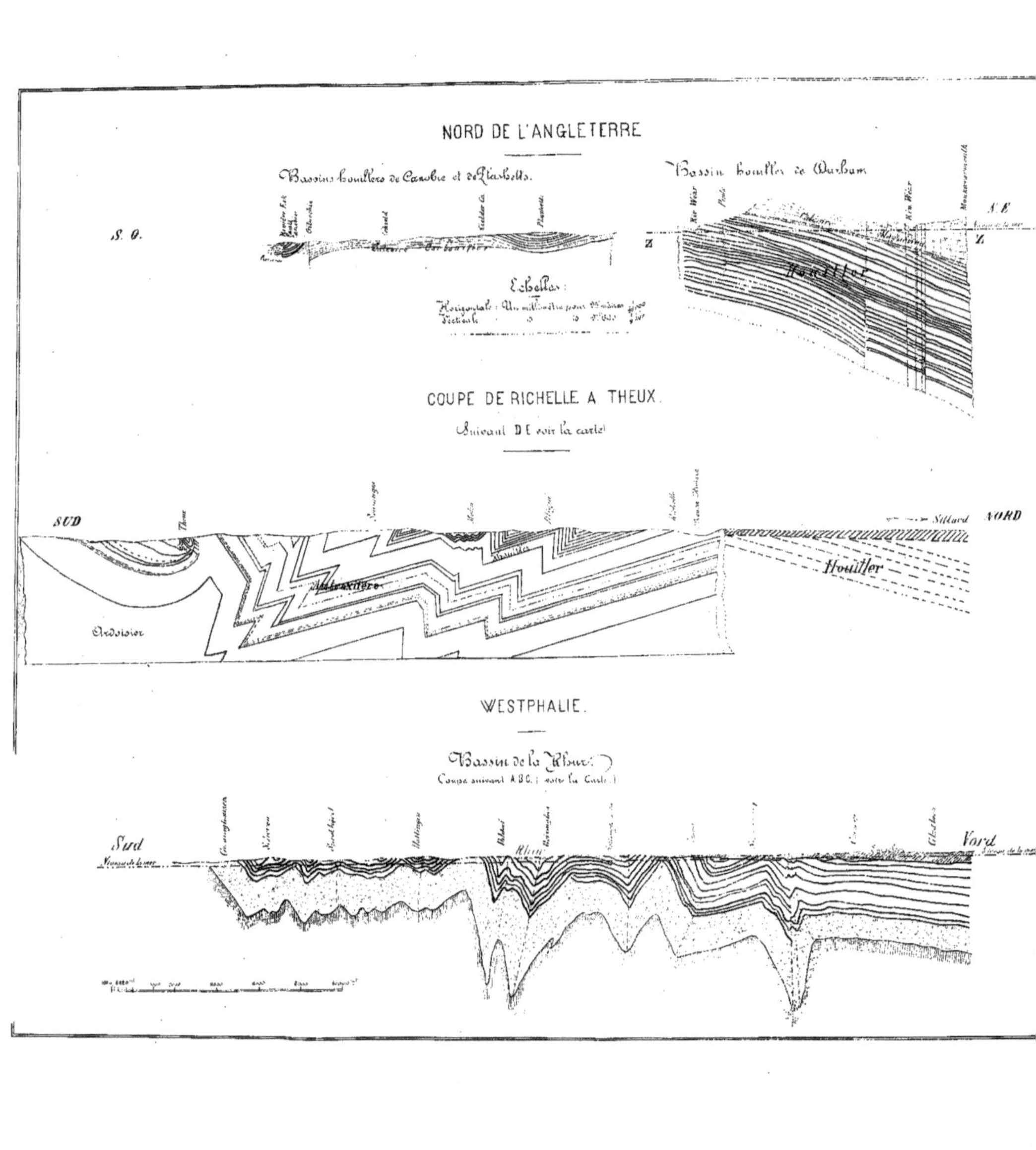

NORD DE L'ANGLETERRE
Bassins houillers de Cambre et de Liarbells.
Bassin houiller de Durham.
S. O.
S. E.
Houiller
Echelles:
Horizontale: Un millimètre pour
Verticale:
COUPE DE RICHELLE A THEUX.
Suivant DE voir la carte
SUD
NORD
Sillard
Houiller
Ardoisier
WESTPHALIE.
Bassin de la Rhur.
Coupe suivant ABC. voir la Carte
Sud
Nord
Niveau de la mer
Rhur